何以传书

艺术文丛

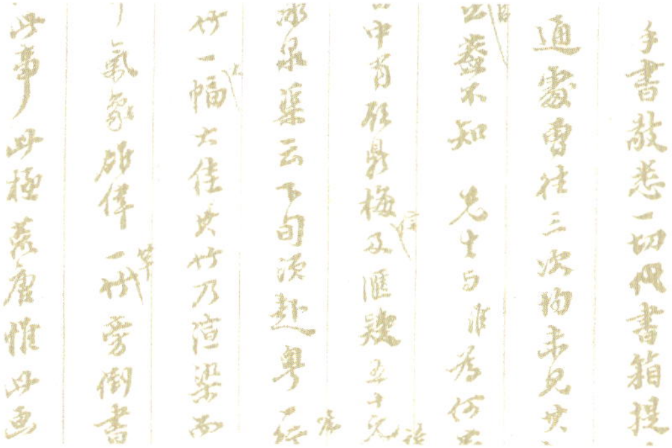

水中盐

——文化艺术视角下的王国维

人民美术出版社

北京

图书在版编目（CIP）数据

水中盐：文化艺术视角下的王国维 / 房鑫亮等著. -- 北京：人民美术出版社, 2019.3
（何以传世艺术文丛）
ISBN 978-7-102-08195-3

Ⅰ.①水… Ⅱ.①房… Ⅲ.①王国维（1877-1927）—文化艺术—人物研究 Ⅳ.①K825.4

中国版本图书馆CIP数据核字（2018）第262999号

何以传世艺术文丛

水中盐——文化艺术视角下的王国维

SHUǏ ZHŌNG YÁN
WÉNHUÀ YÌSHÙ SHÌJIĂO XIÀ DE WÁNGGUÓWÉI

编辑出版 人民美術出版社
（北京市东城区北总布胡同32号 邮编：100735）
http://www.renmei.com.cn
发行部：（010）67517601
网购部：（010）67517864

责任编辑 袁法周 宋正伟
装帧设计 徐 洁
责任校对 白劲光
责任印制 胡雨竹
制 版 朝花制版中心
印 刷 天津市豪迈印务有限公司
经 销 全国新华书店

版 次：2019年3月 第1版 第1次印刷
开 本：787mm × 1092mm 1/32
印 张：8.5
印 数：0001—3000册
ISBN 978-7-102-08195-3
定 价：79.00元
如有印装质量问题影响阅读，请与我社联系调换。（010）67517602

王国维像

判断艺术家的三个标准（代序）

周　伟

古人把中国画分成四个层次：能品、妙品、神品和逸品，这四个层级逐渐递升，由精湛的技法开始，进而不断增加其文化和精神层面的内容含量。至逸品时，吴冠中先生认为："逸品中的'逸'，放逸也……强调个性，强调自我情感的抒发。"逸品是画家的真情流露，体现了其文化素养和人格品位，这正吻合了艺术诞生的科学规律。欣赏艺术作品，同样需要用心去体味、品鉴。南朝宗炳提出了"澄怀味象"之法，即体会一件书画作品首先要荡胸澄怀，摒弃私心杂念，再以自己的文化积淀去与画家、作品进行心灵沟通，升华意境。

艺术品实质上是一种精神产品，它综合表现了艺术家的人格特点、表现手法、文化品位和精神追求。可以说，作品就是艺术家的一面镜子，一部好的作品照出的是一位优秀艺术家的形象，透过作品来判断艺术家的优秀程度，大致有三个方面的标准。

为人是判断艺术家的首要标准。画品即人品，反之亦然，人品亦画品。古人称"立德、立功、立言"为"三不朽"，体现了很高的为人境界，为历代文人所推崇，以此作为终生的追求。近代以来，"独立之精神，自由之思想"又成为知识分子的座右铭。中华人民共和国成立以来，文艺的"二为"方向和双百方针日益深入人心，成为艺术家的行为准则。自古以来，德艺双馨的艺术家为世人称道，而为人有问题的却常被艺术史摒弃。北宋著名的“苏黄米蔡”四大家中的“蔡”原本是蔡京，正是因为其是奸相，为世人所不齿，才换成了艺术成就同样出色的蔡襄。可见，为人是一连串零前面的壹，没有壹，全归零。

为学是判断艺术家的文化标准，亦是指艺术家的文化学养。艺术家是“养”成的，指的就是艺术家的底蕴。学养是艺术家的底色，技法仅是其表达方式，学养不仅是画布，还是笔墨、留白与动静。其中最典型的便是文人画。陈师曾说，文人画“即画中带有文人之性质，含有文人之趣味，不在画中考究艺术上之工夫，必须于画外看出许多文人之感想。”这也就是通常所说的“笔墨传情”吧。学养不够，写字作画充其量是个“熟练工”。艺术家是用文化养成的，而不仅是技法练成的。

为艺是判断艺术家的技术标准。艺术有自身的发展规律，书法、国画、西画都有其习练之道，只要立志、努力并遵循艺术学习的规律，技艺就是会逐步娴熟，甚至精通，体现在线条、明暗、布局、浓淡等诸多方面。这些是一位优秀艺术家必不可少的基本功，是成为艺术家的基础条件。

一位拥有精湛技艺的人，可以成为一位优秀的艺人；具备了深厚学养，可以成为一位文人书画家；如果再具有崇高的人格魅力，那一定可以成为一位传世艺术家。为人、为学、为艺三者相互影响，相互作用，相互依托。就像一坛老酒需要综合条件长时间酿造而成一样，传世艺术家同样是这样酿成的。

（作者系《中国艺术》杂志评论员）

目录

书生归舸真奇绝
载得金陵马四娘
——王国维的书画鉴赏

房鑫亮

中国绘画与书法艺术历史悠久，历代书画名家创作了大量精湛的书画作品，经过数千年岁月的积淀，早就成了历代文人学者竞相求购的珍贵藏品。唐太宗李世民，为收集王羲之墨迹《兰亭序》，落下了“萧翼赚兰亭”之公案。宋徽宗赵佶，雅好书画收藏,更是将内府所收藏书画汇编为《宣和书谱》与《宣和画谱》，留下“书画皇帝”之美誉。收藏之风的盛行又常与书画作伪相伴而生，也就催生了不少精于书画鉴赏与辨伪的名家。

王国维出生于有着浓厚文化氛围的江南，幼时虽由擅长诗画的父亲教授，但因家道中落，于文物所见有限，故不因鉴赏出名，因此论者往往忽视了其成年后的际遇。

今所见王国维与书画鉴赏有关的早年记载，是与同邑友人张光第共赏马湘兰、唐寅的画作。张氏富收藏，卒后藏品星散，故当王国维 1905 年冬从苏州返乡之际偶得秦淮旧苑名媛马湘兰的画作而大喜赋诗，其中“书生归舸真奇绝，载得金陵马四娘”一联写尽欢欣。

1906 年进京后，王国维所见渐多。辛亥革命爆发后，他随罗振玉东渡日本。罗氏收藏宏富，他可以随时检视摩娑，又得罗氏指点，眼界大开，于文物鉴赏之识见日进。在日本期间，所见名作尤多，有王维《江山雪霁图》、杨昇《雪山图》、董源《溪山行旅图》《万壑松风图》《松峰高士图》、巨然《烟浮远岫图》《万壑图》、米芾《云山图》、钱选《七贤过关图》等等，皆海内名迹。

1916年，他从日本回国，行前与罗振玉话别，罗振玉出示郭熙《寒山行旅图》、黄公望《江山幽兴图》和王蒙《柳桥渔唱》等宋元名画共赏。在当天的日记中，王国维评价了上述重要画家和作品的用笔特点、画风，见解颇多，与众不同，显示了相当程度的鉴赏水平。他自谓所见郭熙画作较多，所述郭氏技法特点往往与世人相异。例如，一般认为郭熙师法李成，画树枝如蟹爪下垂，画山石则多用卷云或鬼脸皴。而王国维则说郭熙树仿王维，枝皆下向，与世所传蟹爪树枝两头向上者不同；山石皴法则出自董源，而非所谓鬼脸石。他认为郭熙的《寒山行旅图》气局深厚，惊心动魄，为平生所见郭画第一，并说十年前在北京所

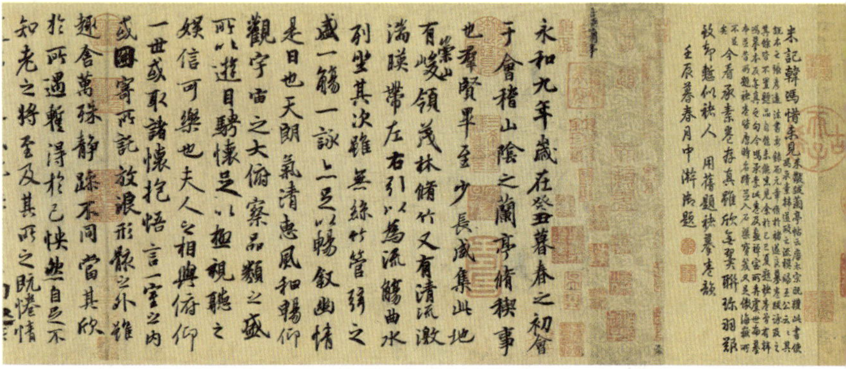

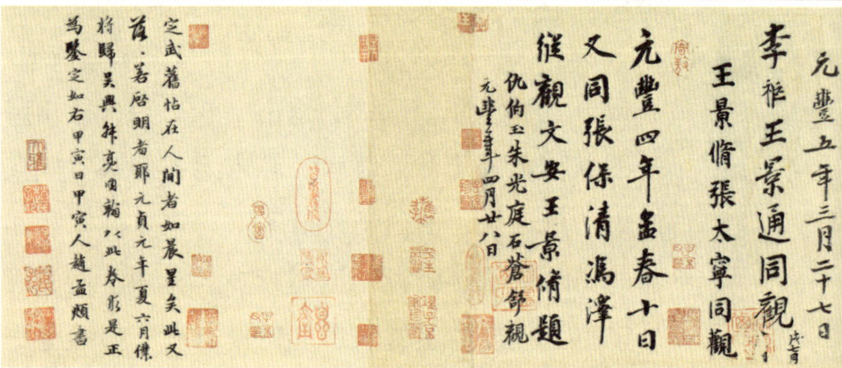

见郭熙二巨卷虽“气象、笔墨俱佳，然恐非真迹，殆燕文贵辈所为耳”；至于黄公望《江山幽兴图》，则“冲夷古淡，无笔墨痕迹可寻，有徐朗白题字”；王蒙《柳桥渔唱》“融泄骀荡，亦与常作不同”，后有元代画家宇文公谅，其字学赵孟頫，“气韵妍

东晋　王羲之
《兰亭序》（神龙本）
纵二五厘米
横七〇厘米
纸本墨迹
故宫博物院

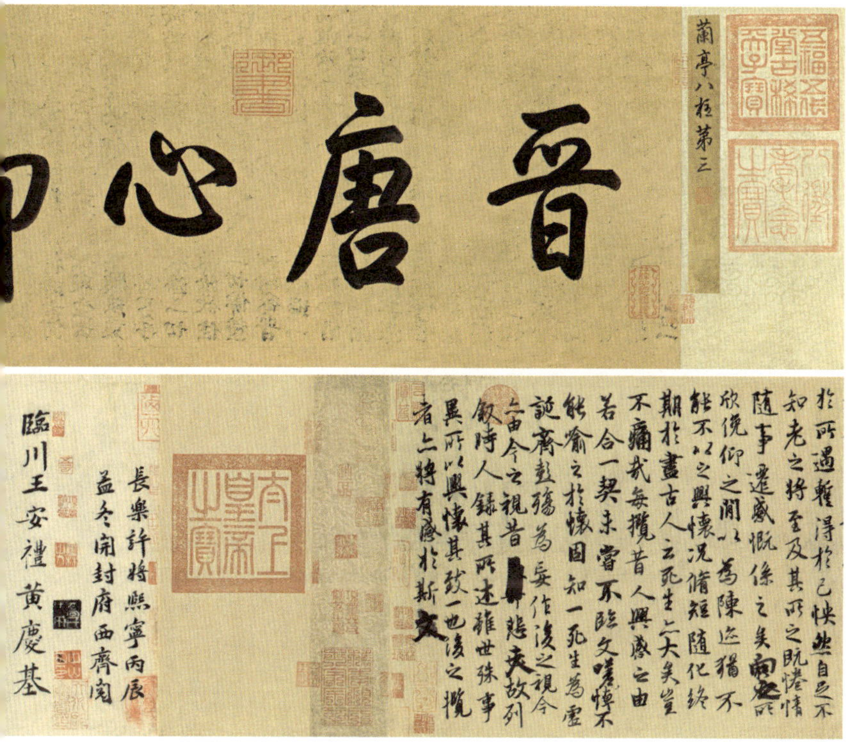

雅，在句曲外史之上。又有杨铁崖、王元章诸公跋”。因此图写越中故事，所以罗振玉特别珍视。上述画作，如《寒山行旅图》《万壑松风图》《松峰高士图》等，今天已不见著录;《溪山行旅图》《群峰雪霁图》亦均亡佚，而据记载，谢稚柳1940

年还临摹过《群峰雪霁图》。短短百年，人物皆非，足见文物流传不易。

“代购”中的磨砺

由于当时罗振玉在文物鉴定方面声名显赫，所以凡是他属意之物，价格就会猛涨。因此王国维回国后，长期为其代购，并刻意隐瞒，连与罗氏关系密切的邓实都曾因不明就里而循例支付王国维中介费。在洽购过程中，王国维经常与古董商、掮客、收藏家交往，包括程冰泉、邹安、柳蓉村、陆树藩、方憬来、吴剑秋、刘体智、著名文物经销商来远公司及其掌眼管复初等。通过品鉴交流，并了解行情、风尚等等，得以广闻博见，练就眼光。

王国维常往程冰泉开设的汲修斋古玩铺看画，并函告罗振玉所见诸画及判断。如他在信中提到：赵昌花鸟轴、赵孟頫夫妇画兰卷均佳；倪瓒山水卷似不如罗振玉所藏立帧；许道宁大幅系旧画，不能定真伪；宋高宗题字的徐熙等幅则似伪作；内府藏宋元花卉册无出奇之处,其余则伪物太多。其中倪、赵两卷分别定价一两千元，均非可留之物。王氏正是在这些书信往来中，一点一点磨砺，提升了鉴赏水平。

对于在程冰泉处见到的一些书画佳作，他颇多自己的见解。有一无名氏卷，据称是燕文贵《江山雪霁图》，石、树学王维，长皴勾廓而中作短皴填之,画法颇古,“虽未必出燕手,亦当是摹燕本也,气息亦静穆”。又有大幅竹画，“其竹乃渲染而成，有竹处无墨，而以淡墨为地，此法极奇。当中竹三四竿气象雄伟,一竿竹旁倒书‘此竹直黄金百两’篆书二行”。因感此画极奇，系宋人笔墨，遂令程氏将其和王冕卷均寄日本。

1917年初,王国维在汲修斋见王翚临巨然《烟浮远岫》立幅，“气魄雄厚，局势开张，用粗点大披麻皴，全得家法”；另有董源画两种，其中《山居图》“令人惊心动魄”，观后方知王蒙“得力全在此种”，意即王蒙成就全在效法董源；另一立幅画近景，“上山作粗点大笔披麻，并有矾头，下作

五代　巨然《层岩丛树图》
纵一四四厘米　横五五厘米
绢本墨笔　台北故宫博物院

四五枯树及泉水，并有小草”，上有王蒙题字及乾隆题诗一首，由内府流出被孔广陶收藏。因此画绢极细而色较白，故更觉精神焕发。

王国维认为，此二画的境界已出罗振玉所藏诸幅之外，价值与罗藏董源《溪山行旅图》《群峰霁雪图》相埒。他又指出，三件作品中，《山居图》作于早年，《溪山行旅图》稍后，《群峰雪霁图》则系晚年之作。他在致罗振玉的函中兴奋地说：“明年当在公斋饱阅之，平生于北苑眼福可谓至厚矣。”

罗振玉收藏宏富，并且经常交换、买卖，见识极广，即使1917年因赈灾出售全部藏画、自称精华被代表日本买方严格甄选的长尾甲“一网无遗”之后，仍存董源、巨然、荆浩等人的名画，眼界自然高于常人。因此，上述画作带到日本后，未料不入罗振玉法眼，谓类似龚贤仿作，而且题款系伪造。

当年，哈同花园不时举办古物展览会，陆树藩、黄宾虹等各界名流都曾展出过收藏品。王国维在此曾见廉泉所藏无名氏山水立幅，著名收藏家宫本昂题为荆浩所作。该画气势浑沦，以赭绛着色，山皆用大披麻皴，两道悬泉与松树云气，画法全同董源，唯下幅近处山石间用方折，又似荆浩。王国维以为此画应出董、巨以后，然不失为名迹，只是相对于汲修斋待售的王冕梅花长卷，则稍逊一筹。在王国维看来，王冕梅花卷有气魄而不俗，画心极干净，题款数行小楷全作欧阳通体，极似罗振玉所藏王蒙《柳桥渔艇》卷后的王冕跋，但后者字体兼有柳法。他说：“此幅若真，则尚算精品，唯究不知何如。”他自以为近数年看画不为不多，然全无把握，所以亟待罗振玉看后印证。

罗氏很快回函王国维：王冕长卷不如廉泉所藏立幅。但王国维仍坚持己见，虽称自己不知画，却坚持“以为此卷大雅处廉幅亦不如也”。与程冰泉的交易因价格多变，最终罗振玉决定退回不购。程氏情急，只得托人撮合，但最后是否成交不明。

“切磋”中的交游

除古董商之外，王国维在学界友人处也见过不少名作，并通过他们收购书画。他在上海期间与沈曾植来往最密切，甚至视为唯一可以接谈者。沈氏知识广博，好宴谈，交游极广。王国维在沈寓所见书画颇多，其中不乏精品。在王国维的日记中，我们可以看到一些记录。如赵千里雪景卷“树仿郭河阳，山石仿范中立，气象甚大”。画风乍看之下似马远、夏圭一派，但用笔虽甚粗而实有细处，“向所传千里画皆金碧细皴，惟此独粗，盖由画近景与远景之不同。此恐千里真本，不观此画不能知马、夏渊源”“恐北宗流别中当以此为压卷也”。赵千里以线条细密工致著称，而此画一反常态，又因其学李思训，故被归入山水画北宗。沈曾植十分欣赏此画并认可王国维的评价，并欲购后请他作跋。后来，沈氏果以赵千里《云麓早行图》请王国维题识。当时正巧邹安过王宅，力诋此画为明人伪作。王国维讥其无识见，认为图中人物、宫室、桥梁均出于

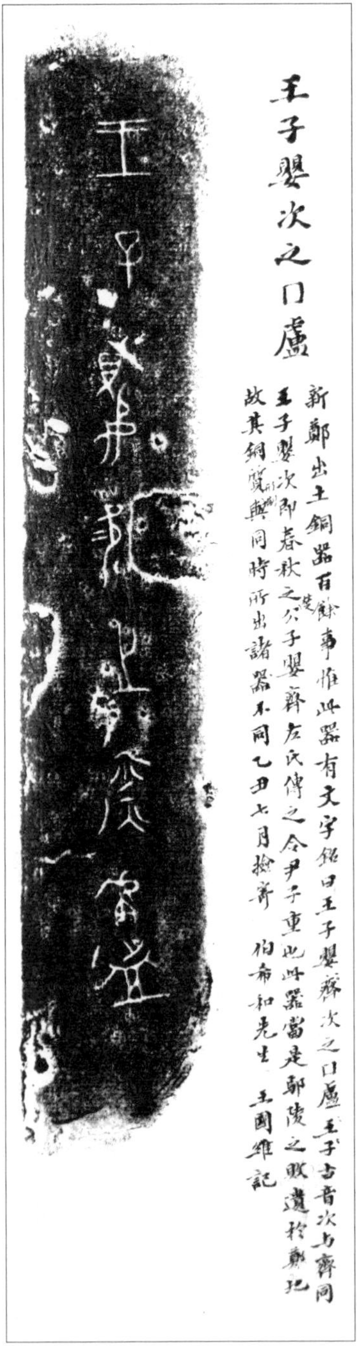

一九二五年八月中旬至九月中旬，王国维寄『王子婴次之口庐』拓片给伯希和，并于其旁附注以下文字：『新郑出土铜器百余事，惟此器有文字，铭曰：「王子婴次之口庐。」古音「次」与「齐」同，「王子婴次」即《春秋》之楚公子婴齐、《左氏传》之令尹子重也。此器当是鄢陵之败遗于郑地，故其铜质、形制与同时所出诸器不同。乙丑七月检寄伯希和先生。王国维记。』

董源，即使“未必出赵千里，然决非明人所作”。

不仅如此，王国维还为此画题诗三首，其一为：“华原石法河阳树，都入王孙盘薄中。千载只传金碧画，谁知衣钵是南宗。”诗中所云赵千里师法范宽、郭熙，和上文评述的雪景图内容吻合，应系同一画作，但说赵氏图中人物、宫室、桥梁均学董源，继承了南宗衣钵的结论却与上文“恐北宗流别中当以此为压卷”的观点大相径庭。短短数月，观点截然不同，洵为怪事。董源、范宽分属南北两派，王国维或指赵千里兼具两派特色。赵氏被认为取法北宗李思训父子，同时又学南宗王维嫡传李公麟，虽可说他兼有南北两种画风，但如说其分别代表南北两派，则似不当。

王国维通过沈曾植，还与曾任清朝江苏、湖北布政使的黄彭年后人有过大宗书画交易。黄氏官宦世家，父子均精考证，擅诗文书画，收藏甚富，所藏明以后画被沈曾植称许为均带有学术性质。由于售画事委托黄氏亲属、曾任清朝重臣的瞿鸿禨主持，而瞿氏又请沈曾植定价，遂引起各方瞩目，传康有为、刘体智、庞莱臣、张石铭等均与议购，甚

清 华嵒
《万壑松风图》
纵二〇〇厘米
横一一四厘米
纸本设色
沈阳故宫博物院

至有集股总购之说，以致黄家索价甚高，且经常变动，并不愿提供全目。

黄家所藏书画中，传闻以巨然《江山秋霁图》《圉令赵君碑》、王阳明像、华嵒画兰卷为最佳。王国维经数度了解后函告罗振玉，这次购画的关键是巨然画卷，并对鉴定信心十足，说自己“于观明以后画无丝毫把握，唯于董、巨或能知之；且如此大卷必有惊心动魄之处，以气象、墨法二者决之可无误也”。

由于黄家出尔反尔，经过数月交涉，王国维才获得藏品价目全表并过目实物，随即将所见所闻佳作一并函告罗振玉，信中详细描述了这些书画的特点：王阳明小像后有题跋，多为其门人所撰；王冕梅花纸本洁净，清润有力；孙杕双勾竹极佳；商璹《山村烟月》卷、宋拓《化度寺碑》、李寅《栈道图》都不甚佳；《婴戏图》和郭清狂《捣衣图》残破。他着重评价了巨然《江山秋霁图》，但观点前后不一。最初认为，此画石法、树法全从董源出，因画江景的缘故，有用短笔麻皴作石者，宫室亦用董源、巨然法。前半仍是巨法，不似郭熙。山石阴阳分晓，有宋人意，或当时已有此风亦未可知。温润处不如唐人诗意卷，气魄亦逊。此卷若以画法求之，则笔笔皆是董、巨，唯于真气惊人之处，则不如《秋山行旅》《群峰雪霁》《雪壑飞泉》诸图。因用墨有极黑处，当是宋人摹本，不敢遽定为真。上述观点与看画之前认为董源与郭熙同出王维、巨然出董源而变为柔细，则固然应该与郭熙相像的看法已有不同。次日，经对比后又有新见，认为此画皴法不见于董、巨诸图，似合荆浩与董源为一家，为宋人摹本无疑，元气浑沦、用笔清润都不如《秋山行旅》诸图远甚。其实，坊间对黄家的巨然画早有不同意见，如著名收藏家刘体智就认为不似真作，并说其他各物也无绝异之品。

“筹生计”好画难觅

有罗振玉远在东洋的筹划与掌眼，王国维为他收罗到不少珍贵字画。随着眼光的逐渐精到，为

元　赵孟頫《洞庭东山图》
纵六二厘米　横二八厘米
绢本设色　上海博物馆

筹划生计，王国维也思量将有限的积余购买古画。

虽说王国维之前已经阅画无数，只是面对复杂多变的书画市场，他对自己的鉴别能力还是不够自信，于是仍请罗振玉替他把关，请教选画经验。作为资深藏家，罗振玉建议他要不惜所费购买佳作，所谓字画买卖，关键在卖，只有佳画才能再出手个好价钱，但他苦于眼力未敢下手。

偶然机缘，王国维见到一仅钤“唐居士印”的无款唐寅小卷，虽内心极喜，但因无把握，迁延数月才加价过半购入，自称“处女买画”，并即请罗振玉评定真赝。期间来往书札中屡屡提及此事，明显焦虑难抑。后来虽然确认为真画，但因购入价格较高，自觉售出颇难，感叹把控书画的价格殊为困难。后来，罗振玉劝其安心学术，由自己代为买卖，王国维十分感动，在去函中写道：“售画之事，不独售事须由公力，即购时亦须公决定，此与公分惠何异。公既以此自任，而复假维以可处之名，则所以酬公者，亦惟有推公上为学术、下为私交之心，以此自励而已。”原本十分普通的书画购售，却留下了一段学者间惺惺相惜的佳话。

“以买卖为旨”

——1916 年罗振玉王国维往来信札所涉书画事[1]

谈晟广

乱世中的书画市场

1896年，矢志农学的罗振玉与人联合在上海创立农学社，开办农报馆，又参与创办了南洋公学东文学社。王国维就是该社培养出来的学生。为翻译出版日本和欧洲的农学书籍，罗振玉请来了日本人藤田丰八作翻译。后来通过藤田，罗振玉认识了京都大学的两位教授内藤湖南和富冈谦藏（日本著名南画家富冈铁斋之子）。1911年，武昌起义爆发，满清政权灭亡。在内藤湖南的力劝下，经由藤田安排，罗振玉携王国维举家东避日本，定居京都。

抵日后，一方面，罗振玉感叹"近欧美人研究东方学者日增，故中国古物航载出疆者，亦岁有赠益。而我国国学，乃日有零落之叹。无识之商民，又每以国宝售诸外人，以侔一时之利，殊令人叹惋也"[2]，然而另一方面，罗振玉所面对的现实却是，他不仅要养活罗、王两家众多人口，还要将自己收藏的甲骨、铜器、简牍、明器、佚书、碑碣墓志、金石拓本等考古文物资料做足研究并整理出版。让他能够安心实现这项宏伟计划的一个经济保证，就是将他数量惊人的书画卖给日本人。到底曾经有多少作品经罗振玉之手而卖到日本，现在已经很难详细统计。据 1911 年 8 月的日本《书画古董杂志》报道，罗振玉在赴日本之前，就寄了 100 多件书画到京都帝国大学，抵日后在京都市立绘画专门学校展览，向日本人展示在他们国家从未见识过的中国古代画作，有所谓宋元画家李唐、孟玉润的作品，也有沈周、文徵明、仇英、陆治、程嘉燧、恽南田和王翚等明清作品。1916 年，罗振玉写信给先期回到上海的王国维，透露了他对书画的真实态度："购书画本买卖事。"[3]

末代皇帝溥仪在回忆录中说："有许多日本人把他看成了中国古文物学术的权威，常拿字画请他鉴定。他便刻了一些'罗振玉鉴定''罗振玉审定'的图章。日本古玩商拿字画请他盖一次，付他三元日金……后来，他竟然发展到仿刻古人名章印在无名字画上，另加上'罗振玉鉴定'章，然后高价出卖。"[4]1919 年，罗振玉在返回中国之前，还将一批书画卖给了大阪的藏家斋藤董盦，均入编藏

明 文徵明
《东园图卷》
纵三〇厘米
横一二六厘米
绢本设色
故宫博物院

家后来所编的《董盦藏书画谱》[5]。问题总是需要两面看。罗振玉通过贩卖书画获得了收益，这是基本的事实，不过，我们也要看到他向日本人不遗余力宣传中国正统文人画所作的实际工作。1916 年，罗振玉的《南宗衣钵跋尾》由日本博文堂出版，该书自序强调了董其昌的南北宗论，正文中则通过一系列诸如王维、荆浩、董源、巨然、李成、郭熙、赵令穰、“二米”、宋徽宗、马和之、钱选和赵孟頫等人的介绍，为日本人确立“正统”的“南宗”。长尾雨山欣然为作《南宗衣钵跋尾序》，表达了他

对罗振玉的尊敬：

老友上虞罗君叔言，尤精鉴识，颇富藏弆……君遭国变……卜居平安……而日抚金石书画，与古相期，自慰无憀，其志可悲也夫。君藏六朝人雪图，近获王右丞、董北苑画雪卷，因又号‘雪堂’，岂托焉以寓皎皎之意耶？……顷汇其《雪图》及唐宋名画，影印以颁同好，并著《南宗衣钵跋尾》，上溯六朝，而以右丞为大祖，北苑为次祖，荆、关为宗，备论画法薪传，了若指掌。世之考究南宗画者，以此为津筏，则讨源不难矣。[6]

罗振玉本人，则在当年写给王国维的信中，自信地将自己与明董其昌相提并论：

弟此次所撰诸画跋尾，自问如与华亭（董其昌）共语，当相视而笑。先生或不以我为诞乎？

辛亥革命以后，大量书画流入日本，罗振玉所为仅仅是冰山一角。正因为有内藤湖南和曾在上海东亚同文书院教书的长尾雨山这样的“中国通”的存在，他们得到包括罗振玉在内几乎所有急需资金的中国藏家们的充分信任。藏品纷纷寄到日本，这也成就了像博文堂这样的画商中介。据博文堂的老板原田悟郎回忆：

在我听说中国爆发了（辛亥）革命不久后，轫（地名）的博文堂接连不断地收到了很多从中国寄来的大货物，而且都是没有预先通知就寄来的，发送者几乎都不认识。不知是些什么东西，打开一看，全是书画，真叫人莫名其妙。于是父亲到内藤湖南先生那儿去请教。内藤先生自我们迁入大阪后，一直关照着我们。父亲对先生说‘我收到了这样的东西’，并请他看，先生：‘哦，已经到了。’他的样子好像知道内情。于是问其缘故，原来事情是这样的：清朝被革命推翻了，正如日本明治维新时一样，内府高官断了俸禄，生活窘困，于是想先卖掉收藏的美术品，与东京的旧货店商谈，可是对方有点儿冷淡，所以就到有名的“中国通”——京都大学的内藤湖南先生这儿来，请他介绍恰当的人……推荐了我父亲，因此中国方面放心了，货物便源源不断地被寄来了。[7]

一下这么多书画文物涌入日本，也瞬间激起了日本人的责任心，特别是内藤湖南。他曾表示：

中国这般情性，珍贵文物接二连三地流出国外，很想把这些东西留在同是东洋而且自古以来关系非比寻常的日本。[8]

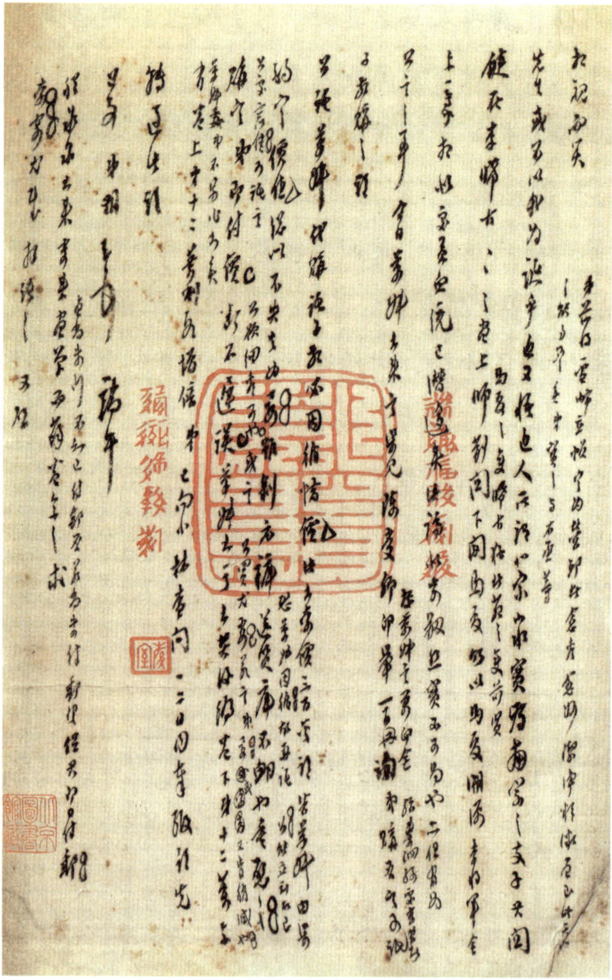

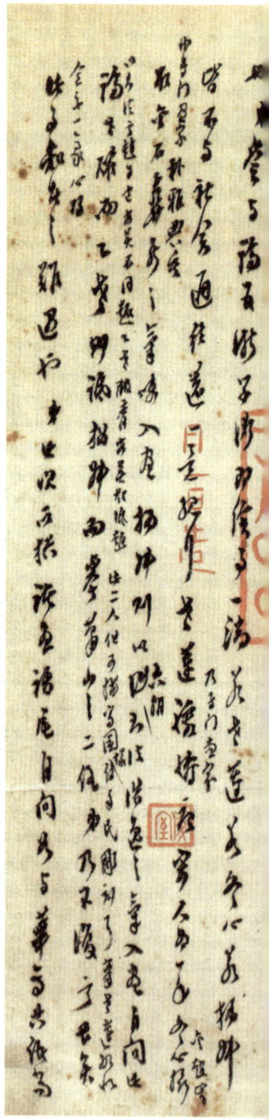

罗振玉
致王国维信
一九一六年
六月五日

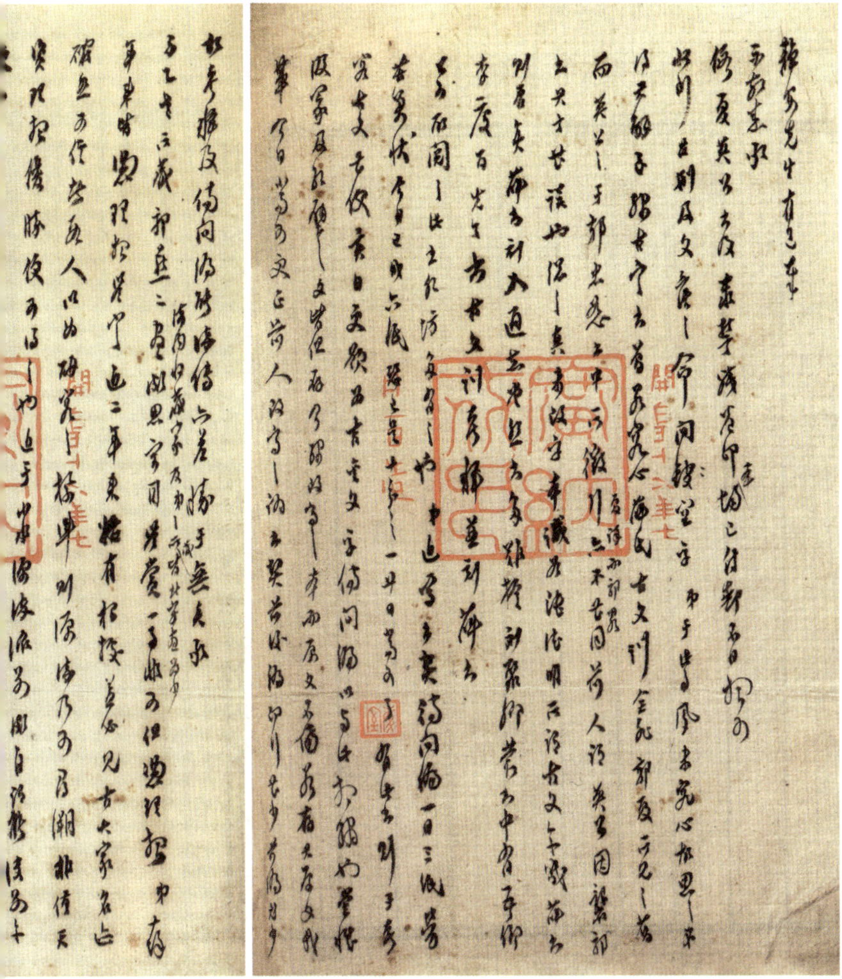

内藤湖南的这番话，引起了日本关西商人阿部房次郎（即后来为人所熟知的爽籁馆主人，1868—1937）的共鸣。约早在1904年至1905年间，因为生意原因，阿部经常走访中国，开始收藏中国书画、玉器和铜器等艺术品。而且他还长期赴欧洲游历，期间考察各地美术馆的经验“让他更加确信艺术收藏和保存的意义——亦即日本有必要改变当前一味追求欧美物质文明的趋势，转而收藏东亚的艺术品，就像是欧洲也保存有埃及、希腊、罗马等地的美术品一样”。他对当时中国因战乱导致文物毁损、流失海外的情况深感痛心，“遂希望以一己有限之力，担当起保护这些文物的重责大任”[9]。因此，那些寄到博文堂的书画，在内藤湖南和长尾雨山的推介下，很多都成为阿部氏的私人收藏。到1930年，他将自己历年收藏的70件精品，经内藤湖南的指导，出版了大型图录《爽籁馆欣赏第一辑》。该书序文明确阐述了阿部氏的收藏目的：

导正偏重物质主义、轻视精神文明的风潮，实有其必要性。希望藉由艺术调和人心，培养优雅风气。相较于欧美，日本设立美术馆机构的起步时间较晚。东亚古美术中，又以中国美术的成就最高。这样的中国美术品在兵乱中散佚毁坏，着实令人难以忍受。[10]

内藤湖南则在给《爽籁馆欣赏》所写的序言中说：

于是爽籁馆收藏之富且精，播闻域外，赤县欧美名士来游此间者，莫不以获一睹其藏为幸也。君遂欲尽举其所藏，编为图录，以资内外赏鉴家之研钻。今兹己巳，先成其第一辑。余披阅之余，有感于家国治忽之故、鸿宝聚散之迹，为书之以弁于卷首，四海有心人其亦有同斯怀也夫。[11]

阿部房次郎在1937年去世之前，将他的全部约500件藏品再次全权委托给博文堂作捐赠处理。现如今，这些藏品已经成为大阪市立美术馆中最核心的中国书画收藏。不仅阿部氏，内藤湖南内心所怀浓厚的中国文化情怀也感染了很大一批新兴的日本商人，他们纷纷受其影响，大量购入中国古代书画，也造就了一大批私人收藏家。上野理一（1848—1919）捐给京都国立博物馆的约200件旧藏、现澄怀堂美术馆的原山本悌二郎（1870—1937）的所有藏品、创建兵库县黑川古文化研究所的第二代黑川幸七（1871—1938）的所有藏品以及创建京都藤井齐成会有邻馆的藤井善助（1873—1943）的藏品，均是经内藤湖南和长尾雨山鉴定后[12]，大都通过京都博文堂的原田悟郎之手而入藏的。

对于经手者博文堂而言，他们也从这波书画大流转中获益。原田悟郎不得不由衷地感慨："就这样经历过各种情形……因为有辛亥革命这样的历史事件，才有了这样的环境，也才成全了我。"[13]这种成全，不仅仅是经济上的，还有日本人所极其看重的文化上的意义：1916年，博文堂出版《南宗衣钵》，罗振玉作《南宗衣钵跋尾》，并由长尾雨山翻译；同年，博文堂出版《清朝书画谱》，由内藤湖南作编；1919年，博文堂出版富冈益太郎编《四王吴恽》，由罗振玉题"吴会薪传"，内藤

清 王时敏《南山积翠图轴》
纵一四七厘米 横六六厘米
绢本设色 辽宁省博物馆

和长尾分别作序，共收入的51张正统派画作中，除了8张是罗振玉的收藏之外，其余都是来自关西藏家的藏品。这些珂罗版精印图册，极大地改变了日本人对中国绘画的看法。

书信呈现的1916年的“书画买卖”

1911年，王国维举家跟随罗振玉赴日侨居，长达四年余。此间，罗、王二家数十口人嗷嗷待哺。王国维之所以能够“生活最为简单，而学问则变化滋甚”“成书之多，为一生冠”，很重要的经济支撑。正是罗振玉的“书画买卖”。1916年2月，应同乡邹安之邀，王国维回到上海，在哈同花园编《学术丛编》杂志，兼仓圣明智大学教授。王国维抵沪后，直至1919年罗振玉返国，王自然就担负起处理罗氏之大量“书画买卖事”的重要职责。不过，罗振玉早年是如何积蓄起大批量书画收藏的，尚有待进一步研究，而下文，我们将从罗、王于1916

年的往来信件中所涉“书画买卖事”，管窥当时罗氏的书画交易并流转之过程。

1916年2月4日，王国维启程，罗振玉送之。次日，罗氏写信给王氏，表达其怅惘之情：

昨送公驿次，归途阅工艺馆，抵家且日暮，知公已抵神户矣。顷得手示，知一切部署已毕，甚慰甚慰。公行后，岑寂殊甚，念二十年来，客中送客，已成习惯，然未有如此别之惘惘者。家人及儿子辈恐弟苦寂，日夕省视，以不言相慰。想公别离之感，与弟正相等也。

……

冰泉书来，言在沪上，于时局无所闻。此间亦苦无所闻，两地正相等。

这位“冰泉”，即古董商人程冰泉——上海汲修斋古玩店的老板。在罗、王二人的往来书札中，程冰泉的出镜率非常高，可见他是罗振玉书画买卖中的重要供货源。

抵达上海后，2月11日，王国维即致信罗振玉，告知其在程冰泉处所观之画：

此早往访纬公（笔者按：范兆经，字纬君，罗振玉妻弟），已将画件交楚。出过汲修斋，冰泉出示诸画，中有赵昌花鸟轴（内府藏本）、赵荣禄夫妇画兰卷，元人题跋甚多，均佳。云林山水卷一，似不如尊藏立帧。而赵卷价二千，倪卷一千，似均非可留之物。许道宁大幅系旧画，维不能定其真伪。又有徐熙等幅（有宋高宗题字），似伪。又宋元花卉册（即内府藏者），似亦无惊心动魄之观，与寻常宋元册殊无大异。其余伪物大多。渠有派人赴东之语，未知果否？前次被关吏将画件掠去，失去北苑画一件（其伙云直数十元），又罚银四十两，并诸种小费，共出百余元，因此遂意兴萧索。维告以公语，渠云当即派人。后有便，当再过之。[14]

从上述文字来看，跟随罗振玉多年的王国维，受其耳濡目染，对古书画的基本鉴赏能力是有的，只不过他在这方面一直不自信。

王国维满怀希望，回到上海，没想到发现自己并不喜欢他的合作者——哈同花园总管姬觉弥（1887—1964）。王国维是一个性情耿直的人，自出道以来，基本就在罗振玉的眷顾之下，为人处事少有圆滑。王国维在写给罗振玉的信中多次表达了对姬觉弥的不满。2月21日，罗振玉写信劝王国维，历数其善，以安抚其情绪：

公恶姬，可免与见面，而得其薪金，一也；薪金足敷公家用（弟意全报以三分之一为古书，可得二百元一月），且略可积蓄，明年如不接续，亦可有一岁之蓄，二也；公可专心学术，日进无疆，三也；弟等考古所得，有发表之处，不必别谋刊刻，四也。

或许算作回应，王国维在2月25日、26日的信中，言及《说文》研究事，便趁势说道：

此事唯先生知我，亦唯我知先生。然使能起程、段诸先生于九原，其能知我二人，亦当如我二人之

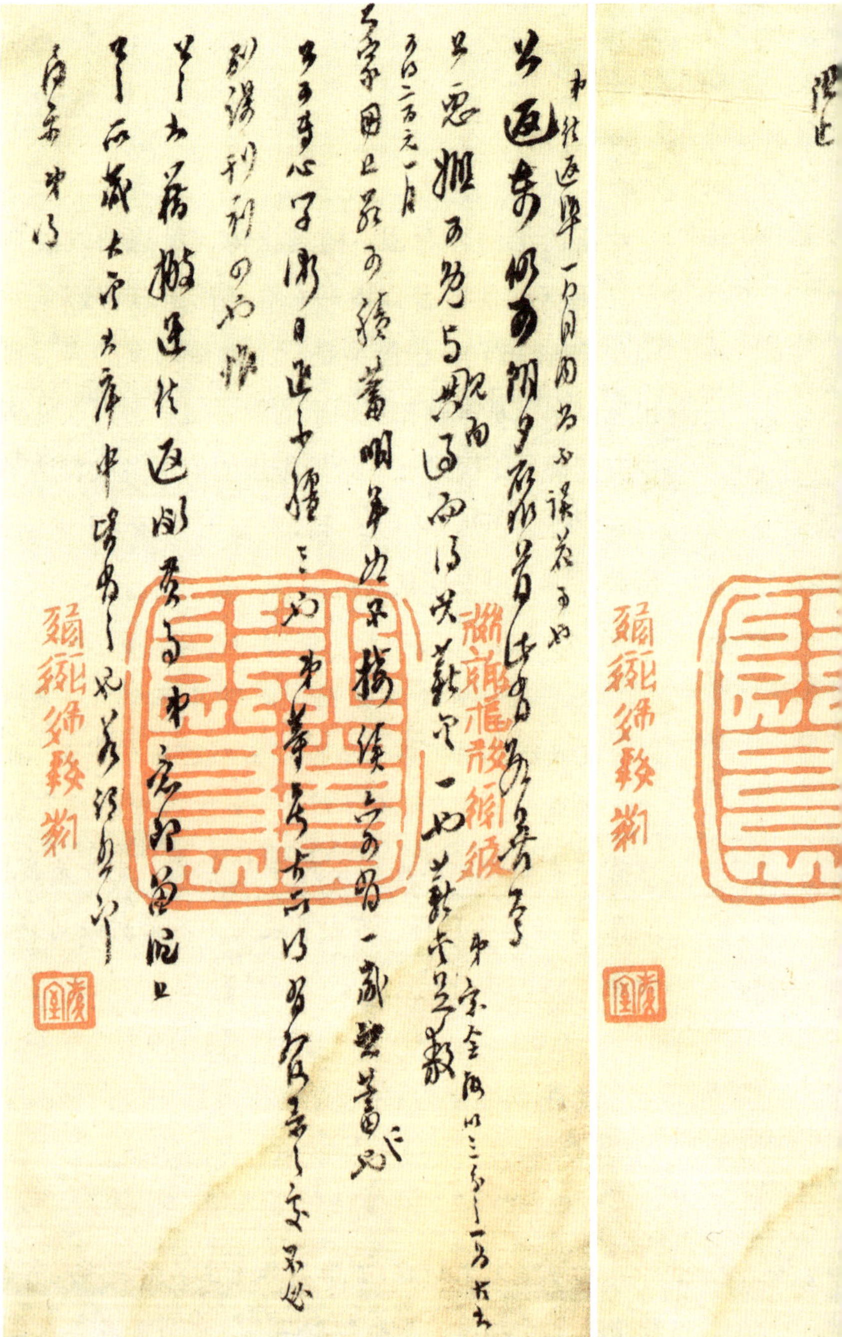

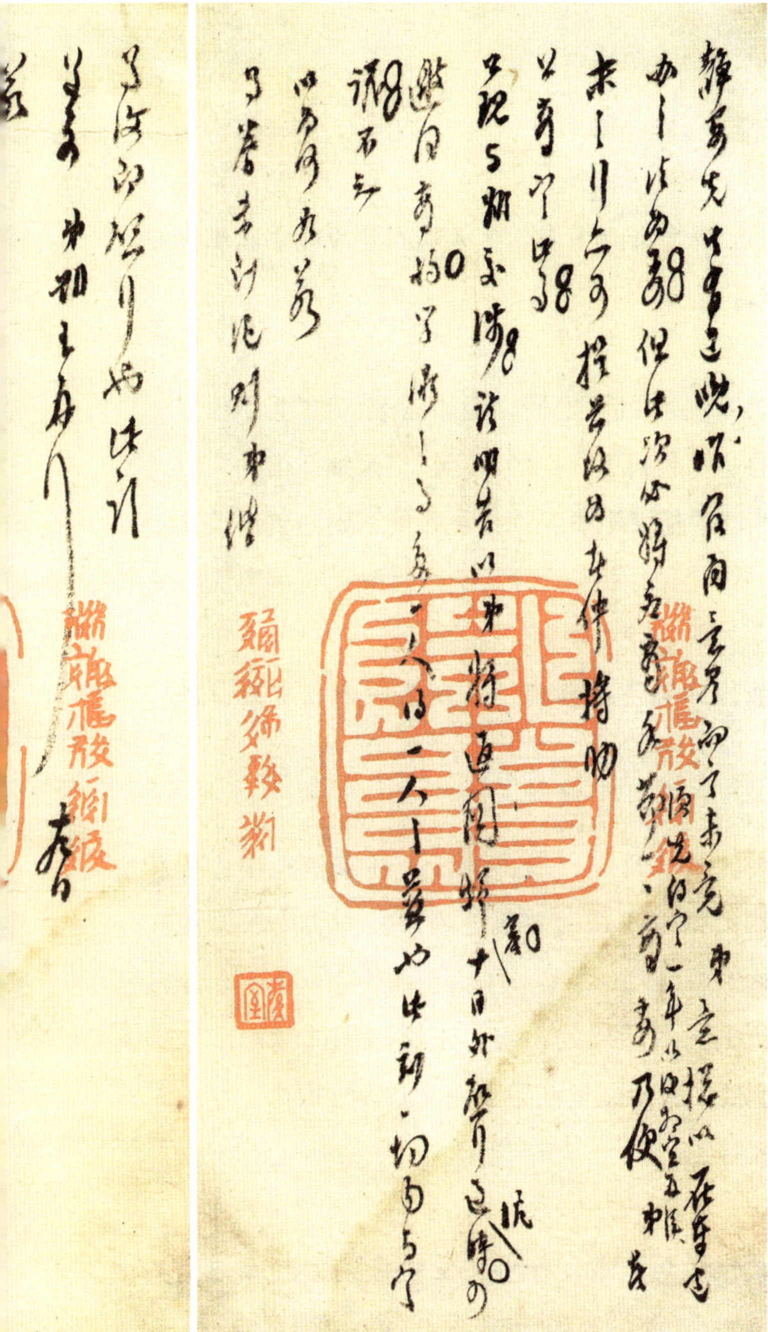

罗振玉致王国维信　一九一六年二月二十一日

相知也。至于并世学者，未必以我辈为异于庄述祖诸人也。

二人惺惺相惜之情，溢于言表。[15] 也许是罗振玉的劝言起到了一定的作用，王国维在信件中对哈同花园的抱怨渐少，谈论更多的，则是关于编纂《学术丛刊》的细节。2 月 27 日，罗氏在信中说：

弟为弥补去年画债，尚须筹四千五百元，若得半，即可行。[16]

大约从 3 月起，罗、王二人往来信札中，便充斥着大量王氏帮助罗氏处理“书画买卖事”的记录。

除去一些琐碎的小事，王氏遇到的第一个较大的麻烦，是博文堂汇到上海之款无法取出。罗振玉在 3 月 15 日的去信中说：

兹又奉到手书，知博文堂所汇二千二百四十元，不能取出。兹写一名片寄奉，祈检入。兹又由邮局汇奉一千元，求代取为叩。此日币三千二百四十元，祈改取银洋，以二千元交纯伯（笔者按：陆树藩，陆心源之子），其余请付程冰泉（但请交其本人）。费神至感。

3月26日，罗又发信催问：

博文主人来言，昨汇二千余元及画样题跋稿（题跋稿仍乞迅寄回），不知收到否？若款到，祈付纯伯千元（银洋），并请告以余款后汇；其它则请交纬。若此款已交纬者，祈向索千元（不必告以付陆。至感至感。[17]

罗振玉原本让博文堂将画款汇到上海，以便让王国维协助其还清旧款。从信中内容可知，罗氏并未将此事交给自己的妻弟范兆经处理，而是让自己最信任的王国维来办。由于博文堂汇款的额面用的是罗振玉本人之名，其他人的印信皆无效，王国维并不能即时取出。经过一番周折，直至4月1日，汇票才由范兆经托人作保取出。王氏按照罗的吩咐一一照办，并在4月2日的信中汇报此事，提出银行汇兑不如邮局合算，因王国维经常在信中核算日元汇率。可见其并不是死做学问之人，而是比较善于精打细算：

此次日币二千二百四十元换中币，仅申出六十元，甚为吃亏。由银行汇兑总受此亏，仍不如由邮局汇为合算。又嘱陆用龙洋，据纬公云此间无龙洋之名，凡钞币中西一律，惟另用银货则龙洋每元须贴水十文，大款则无分别，故仍以普通钞付之。

有意思的是，王国维还在信中评论了陆树藩（1868—1926）：

此人殊可怜，今日出一虢叔钟见示，阳文伪劣不堪，渠犹问当是宋仿，眼力如此，则唯有愈做生意愈穷而已。

陆树藩乃晚清大藏书家陆心源之子，曾从其父学过书画、版本、目录之学，在湖丝生意倒闭后，为了偿还巨额债务，不得不向日本人变卖家中的皕宋楼之藏书（为日本静嘉堂文库收购），最终在上海以贩卖古董为生。从罗、王往来书信可见，罗氏与陆氏的结算款项较大，常以千计，由此可知陆树藩也是罗振玉之“书画买卖”重要的供货源。

罗振玉在上海购画，往往花费甚巨，其重要经济来源也是“书画买卖”。他的诸多出版物，从纸张到印费，皆需从中筹款，也曾言：

弟近以印书故，售去佳画不少，皆前不忍售者。

4 月 14 日，在致王国维的信中又说：

今年更拟将《殷文存》编印，合以《书契后编》二百部，它两书各百部，须印费纸费三千元。今年但能卖画，不能买画矣。[18]

尽管话是这么说，但落到实际，有好的书画，王国维还是会不遗余力地向罗振玉推荐，罗氏也自然不会放过任何一个机会。

王国维在去信中，难免经常讨论自己的观画感受。如在5月7日信中，谈到罗振玉收藏的一幅杨昇《雪山朝霁图》，他认为“乃画灞桥风雪”：

恐在中唐以后，未必出杨昇手，此画实于右丞、北苑之间，得一脉络[19]

不过，第二天王国维就在另一封信中否定了自己的看法：

前函言杨昇《雪山朝霁图》写灞桥风雪意，此语大误。灞桥系平原大道，虽可望见南山，地势不得如此收缩。[20]

很显然，王国维这种对于古画的考据法，尚不得要领。于是，罗振玉便在信中向王国维谈及其书画鉴赏心得。6月5日，罗振玉信曰：

鉴赏一事，非可但凭理想。弟十余年来，皆凭理想鉴定，近二年来，始有根据。盖必见古大家名迹，确然可信者数人，以为研究之标准，则源流乃可寻溯，非仅天资理想优胜，便可得之也。近于山水源流派别，颇自谓能诀别无疑，而于人物尚不能。弟于人物，能知二周而止，虎头、吴生不能悉知（虽见《女箴》《洛神》之一斑，不足以为根据），则其源流正变，不能洞悉。甚矣，兹事之难也。乙老（笔者按：沈曾植）天资高，理想富，弟所深信，其经验何如与否，曾得重要之根据否，则尚非与详论，不能知也。

从中可知，罗振玉已经清醒地认识到，古画的研究，首先要确定古代大家确真无疑的真品，并以此作为参考坐标，从而确定前后的源流关系，这就已经十分接近后世流行的“风格分析法”[21]，说明他的确在鉴画上有其独到之处。

罗振玉在6月5日的信中，又谈到他与沈曾植论浙江古代绘事，看法并不相同。罗振玉由此感叹：

甚矣！此事知者之难遇也。

沈曾植(1850—1922)，字子培，号乙庵，晚号寐叟，别号甚多，浙江嘉兴人。沈博古通今，学贯中西，乃晚清民国之“硕学通儒”，不仅罗振玉认可其学问，王国维在《沈乙庵先生七十寿序》中也曾大赞其学问。[22] 辛亥革命后，隐居上海，与诸遗老成立超社，以吟咏书画、校藏图书遣日。王国维回到上海后，往来最密切的学者，大概就是沈曾植。原因是：首先，沈曾植的学问。得到王国维的肯定，二人有共同语言；其次，罗振玉的很多“书画买卖”是通过沈曾植作为中间人购买的，王国维为其处理相关事，必然与沈相过从；再次，沈氏是前清“遗老”，声望颇著，沪上有画欲出者，往往首先拿到沈处，因此他不仅鉴画、藏画，也经常替人中介卖画。王国维本人鉴书画的能力有限，加上其孤倔的个性，他身边所能仰仗的人，也只有沈氏。现存多件沈曾植致王国维札，多有涉及书画事，其中一件内容就道：

有画数件，待公审定，有暇请过我一谈。

沈曾植致王国维信

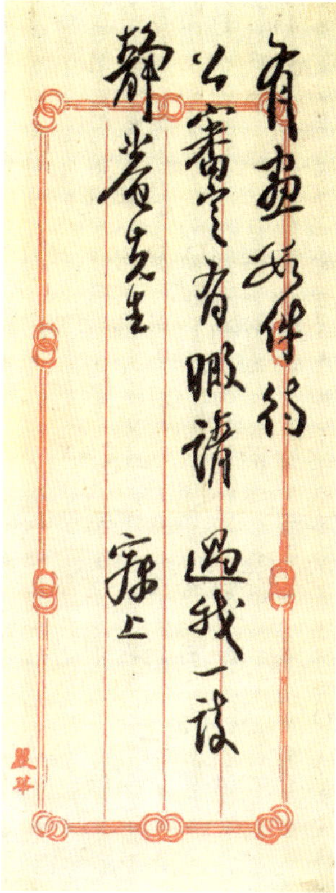
有画数件約
公審定有暇請過我一談
静安先生
寐上

8月，王国维出售了手中的股票，遂萌生购画之意，“以作将来预备”。8月10日，王国维在写给罗振玉的信中说：

维之商务股单已售出，并今年利，约近成数。本拟暂存银行，而出入均须改算银数，吃亏殊甚，因思购书画数件，以作将来预备，而苦于眼力未敢放手。乙老之眼虽就近可以请教，然亦出入颇多。

此款公如有用处则可行暂用，如将来尊驾抵沪则为代购书画，此较自购为稳当也。[23]

信中，王国维的购画意图受阻于自己的眼力，从而“未敢放手”。尽管他对沈曾植的眼力抱有一定的怀疑态度，然而，罗振玉远在日本，所以王要观画、鉴画、购画，首先仰仗的人当然就是沈曾植。10 月 3 日，王在信中就曾直言，上海呆久了，“除乙老外无可共语者”。

针对王国维本人的购画意图，8 月 16 日，罗振玉回复道：

公商务股票已售出，甚善，欲以此资购书画，为异日之地，亦至善。以前汉学教授之事，公既往沪，当知其不可实行。哈同之事，亦但是二三年间之近局。故未雨之计，不可不早设法也。弟意购书画，须购有价值之品（此弟数十年来之经验），其廉者终不可期，其精善若培老之唐卷，亦十年间不可遇一二者耳。邓秋枚（笔者按：邓实）处有方方壶小幅，至精，渠索价七百元，又有南田临郭河阳山水册页一片（已装小轴，拟以石谷一片，石谷乃常作，不能似也），索价二百七十元，弟力不能得也。若公愿得者，弟作书与商，请持往可也。弟意公为此事，不难于购入，而难于售出。售出仍有望诸东邻。佳品往往不忍售，此亦吾人一痴性。愿公暂捐此意，展转营运二三次后，即可以所赢之款充营运之用，其本金可收回，以后再有佳品，可以酌留以自娱也。不知公意云何？缘以购书画为后备，不能急切，俟用时方谋售也。若邓画许售，即请寄来，为谋销售也。弟近以印书故，售去佳画不少（皆前不忍售者）。弟以为中国地大物博，宝物甚多，但恨力不能有，不过日益昂贵耳。箧中所储，尽可自娱矣。邓秋枚平日至午始起，往渠处须午间，过午又外出为游魂矣。弟前购金粟道人小像，尚无信来，此则非贸易品，售亦不得利也。

信中，罗振玉也认为王在哈同花园的工作不是长远之计，当作未雨之谋。随后，他耐心地向王国维传授其数十年来书画买卖之经验，那就是要买有价值的东西，便宜的很难赚到钱：书画买卖，“不难于购入，而难于售出”，要想卖出好价，最终还是要拿到日本；好画不要惜售，要放弃此念想，倒手两三次后，就可以将本金收回而以盈余之款继续经营，这个时候如果再有好画，可以酌情购买一些用以自娱；购买书画的目的乃是备作将来不时之需，卖画不能急切，要适时而卖。信中，罗氏还推荐了古董商邓秋枚处可购元方从义、清恽寿平两件古画。

接信后，王国维遵照罗振玉的意思往访古董商邓秋枚处，商购罗氏在信中推荐的两幅画作，并请邓氏将二画寄给罗振玉。8 月 27 日，王国维在信中向罗振玉汇报此事，又说：

此二画到东大约有可售之望，则维算见一面耳。一笑。种种费神，至感。[24]

看来，王国维十分期待二画能够在日本售出。几天后，罗振玉即收到二画，随即就将方从义的画作悬挂起来。9 月 3 日，罗致王：

今日博文堂主人来，见壁上悬方壶画，询所从来，弟告以乃公以九百五十元购之（弟定此画价为千二百元，去油谷二成，正得九百六十元也，故先为此伏线。恽画甚精，而不能得厚利），托弟鉴定者。渠问售否，弟答以恐未必售，但此次须留观，并影印入《南宗衣钵》（第四册）（此一机关）。渠乃啧啧叹赞而去。现在售物，非多加曲折不可。若径交与寄售，便不出奇矣。异日若再以售卖之说来，当令渠径遗书商之左右，请答以用九百五十元购得，罗先生欲见让，已允之，请径与罗商可也。如此则弟交渠售之，乃较有力也。

王国维在邓秋牧处购得的方从义画，其价七百。博文堂垂问，罗振玉则告之曰此画乃王公以九百五十元购得，而他心中所定之价更是一千二百元。若此画果售出，真厚利也。而且，罗振玉并未轻易言售，因为他还要将该画印入《南宗衣钵》。此所谓售物需“多加曲折”，不愧是“书画买卖”的行里高手。

10月1日，罗振玉致信王国维，言邹安有解散之意，但告知王国维，不必担心将来的生活用度，只要安心做学问就可以了：

公之生活费，请不必虑及，弟昨函询公在沪用费者，即以为此也。以后用度，以今年为比例，则千八百元足也，此款在书画盈余内，足可得之。海宁修志事，请不必运动。公在沪，以长年之日力，研究所愿修之学术，弟之所甚望也。弟以家事劳心（弟之诸弟皆不肖，而子敬实为之魁，可叹可叹），势不得不于我身清厘之，但清厘须六七千元，遂因循至今。今努力筹备，明春先了此事，以后居东，岁筹二千余元，足了用费，此后转从容有余裕矣。公之生计，弟定可代谋，绝无匮乏之虞。公但以著书之暇，于蟫隐（笔者按：蟫隐庐书肆，罗振玉之胞弟振常与人合开）左近程冰泉、蔡少卿（笔者按：沪上古玩商）两处，随意五色若此次两处之画，岁得数帧，足办一岁之费矣。将公所用，加入弟用，岁不过四千余元耳。此间售物虽难，此却尚易，放心为荷。弟今年将意中欲刻之书成十之四五，明年印一活字板丛书，从文集始，一岁可得五六百叶，千余元足矣。昨检点藏画，尚得六百余帧，较未售以前所藏，有过之无不及，其尤精者三之一，尚得二百帧，足以娱老矣。[25]

此信可见罗振玉之真情。他在信中十分感人地说“公之生计，弟定可代谋，绝无匮乏之虞”，人生在世，遇到这样的知己，夫复何求？罗振玉对王国维唯一的要求是，在著书的闲暇，到古玩店随意物色一些画作，“岁得数帧，足办一岁之费矣”，而且告诉他放心，不用担心卖不掉。王国维在上海是孤独的，由于离开了罗振玉，也是没有安全感的。罗振玉的表态，显然激起了王国维购买书画的热情。9月以后，王国维的去信中谈的最多的即是在某处看画。10月3日，王国维在信中对罗振玉委婉表达了他的感激之情：

售画之事不独售事，须由公力，即购时亦须公决定，此与公分惠何异。公既以此自任，而复假维以可处之名，则所以酬公者，亦惟有推公上为学术、下为私交之心，以此自励而已。然处此间久，

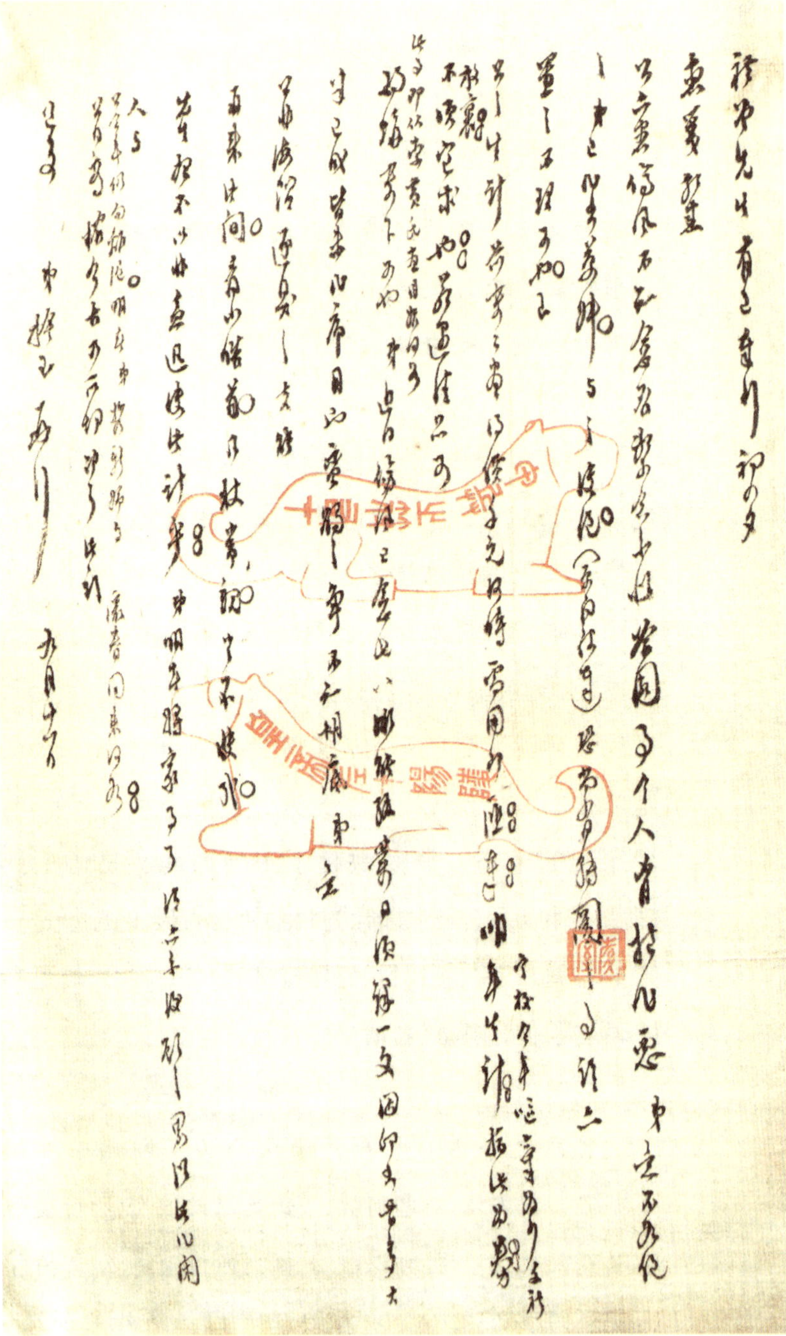

除乙老（笔者按：沈曾植）外无可共语者，精神既不活泼，进步亦难如昔，如何如何！

因罗、王与哈同花园合作不甚愉快，罗氏不欲王从呕气，心生决绝之心，拟以书画养活罗、王二家。10月7日，罗氏致信王氏：

哈园事令人胸抱作恶，弟意不如绝之。弟已作书景叔（笔者按：邹安），与之决绝（原函便奉）。恐尚有转圜之事，请亦置之不理可也。至公之生计，前寄之画，得价千元，何时需用，即汇奉。明年生计，指此为券，不须它求也，定较今年呕气为少，千祈放怀。若遇佳品，可酌购寄下，可也。此事即从索黄氏画目录始，何如？

王国维寄给罗振玉的方从义画，在日本转售后，“得价千元”。王国维从卖画中获利，可谓旗开得胜，这也让他有更多热情投入其中。罗氏交代，只要遇到好画，就寄来，并言“此事即从索黄氏画目录始”。黄氏画目录是怎么一回事呢？

早在8月29日，王国维在信中告知罗振玉，晚清官员黄彭年（1823—1891，贵州贵筑人，道光二十七年进士，历任江苏、湖北布政使）家有大宗书画出售。其中有所谓巨然长卷约五丈，沈曾植认为是元人摹本，并定价一二千元。黄氏则坚持要五千元，另有宋人《婴戏图》则索价三千元。“明以后画，均带学术性质，甚可宝贵”，其中有王文成（守仁）小像，其后题跋多出自其门人。由于黄彭年的儿媳是前清“遗老”瞿鸿禨（1850—1918，湖南善化人，同治十年进士，历任工部尚书、军机大臣等）的姨母，黄家便委托瞿为之经理。但由于黄氏书画非由古玩铺经手，而委之以士大夫，即使索要画目也非易事。10月份至年底，王国维与罗振玉在信中讨论最多的就是关于黄氏书画的买卖。

11月6日，王国维花了下午半天时间，看黄氏书画碑帖数百件，初看手卷，后看立幅，最后看册页。当晚，他写信给罗振玉，将所看结果报告：巨然卷，“窃谓此卷若以画法求之，则笔笔皆是董、巨”“当是宋人摹本，未敢遽定为真”。不过，他又强调，“然谓买壬得羊，则无不可”：元商逊斋（笔者按：商挺之侄商琦，字台元，号逊斋）《山村烟月卷》，“真假不敢定，然觉不佳”；宋拓《化度寺碑》，“存字不多”；宋人《婴戏图》，“上半残破颇甚，要是宋元人笔”；李寅《栈道图》，“不甚佳”；郭清狂《捣衣图》，“残破”。结论是，除了巨然卷，上述书画“似不必购，欲留则《婴戏》尚可，而码价乃与巨然等，且需装裱，须费数十元”。至于罗振玉之前所开单内，“余件皆可，且有至精者”。此外，“全目中之物有特别可选者”。“皆物善价廉”，另有数件“皆尚不贵”。“其余明人与国朝人物殆无甚赝品，且精者亦不少，公可于其中择之”。[25]第二天，王国维又写信，认为昨日所观巨然卷为“宋人摹本无疑”。“其石法树法皆有渊源，惟于元气浑沦之点不及诸图远甚，用笔清润处亦觉不如”。又点评了其他数件书画之作，并再次提到唐寅小卷，“维之唐居士画本无留意，亦不能久留，惟虑邮寄费事，故亦暂待之将来。黄画若成，与之俱寄。此卷布置墨法俱佳，惟力量不大（唐本不以力见长，惟不敢自信），尚当一质真伪耳（前书及此书所评巨然卷，俟先生见画后亦请批驳无隐为感）”[26]。

12月4日，罗振玉在信中对王国维强调：

购书画，本买卖事也。乃此次弟之购黄书画，则购书画之意与尊贤之意各居其半。

虽然在罗振玉12月17日的信中列出了26件书画作品，最终成交14件。今存瞿鸿禨致沈曾植札："黄氏书画与罗公已定议者，共十有四件，并原单奉上，乞察收。见复其款，亦请由尊处便中转给可也。"

1916年，王国维在书画市场的实战和历练中学到了什么呢？那就是他对书画收藏的基本态度。

同年9月初，王国维得知邹安以五十元购得明唐寅横幅小卷，极干净，无款，有"唐居士印"。王有意加二三十元得之。他在9月4日写给罗振玉的信中提到，"其画石学李晞古笔意，颇极秀逸，如系伪品，恐亦须石谷辈乃能为此。拟借来细观，加渠二三十元可得之"。最终，王国维花了八十元。从邹安手中购得唐寅小卷，这是他的"处女买画"。

黄氏書畫与羅公已定議共
十有四件并原單奉上乞
登收見復其款亦請由
尊處便中轉給可也此頌
大厂道兄頤安　弟機頓首
黄夫人祝往返件昭府希次始檢齊亦良善已

沈曾植也认为此画甚好，“以为在子畏画中亦为逸品”。不过，王国维并不是很确信自己所买是真是伪。10月18日，王国维致信罗振玉：

唐卷请为评定（真赝精否，并其等第），此为维之处女买画……再，画款顷不需用，因此间即遇佳品亦不敢遽购，有佳者仍拟寄东请公鉴定再购也。唐卷维视为笔墨至高，有衡山之典雅而名贵过之，不知此说何如？

一张八十元的画，就把王国维买怕了，即使是他认为自己所购的唐寅小卷有文徵明之“典雅”“而名贵过之”。10月22日，王国维又在信中说：

唯寄画一事手续甚烦，故暂缓数日，亦可再披阅若干次也。公前谓既以买卖为旨，则于佳画不可顾惜，维初不甚信此语，于方、恽二幅乃以一面了之，今于唐画留案头稍久，便思多阅数次，始知浮屠不三宿桑下（笔者按：下句‘不欲久生恩爱’）之语不虚，一笑。

罗振玉曾经说“书画本买卖事”，不要太顾惜自己喜欢的画。王国维曾很相信这句话，他只是看了一眼，就寄到日本去了。而如今唐寅画已在案头多日，似乎有日久生情之虑，这让王国维十分感慨。

这张让王国维又喜欢又担心的唐寅画作，究竟真伪如何呢？12 月 17 日，收到该画的罗振玉如此回复王国维：

六如小卷，决为未着色之品，乃有数处稍失，故置而不用。古人之矜慎如此，其画则决非赝托。公以为至精，或以为赝品，似皆过也。不知高明以为何如？

也就是说，此画不伪，但也不是精品，平常之作而已。不过，是真是伪，此时对于王国维而言已经不重要了，因为，经过近一年的历练，方从义画的大赚，已经让他深刻地感受到“买卖书画诚不易”。这种不易，并不仅仅是书画真伪的问题，而更多的则是原先专做学问的王国维所不能理解的“价之操纵”。12 月 24 日，他在信中对罗感慨道：

> 买卖书画诚不易，不独画之精否真赝难以骤决，即于价之操纵亦非易事。如此次方画若知其底蕴，则日币千元或中币八百必可得之。售事亦然。维之唐卷（笔者按：指唐寅画卷）不知可售否？请公视有机会时脱之，不亟亟也。

也许是尝到了甜头，他牛刀初试购得的唐寅画作也不要了，请罗振玉有机会时脱手。“书画本买卖事”，大概也最终影响了王国维，使其在书画研究方面没有任何建树，也使得该领域成为其少见的学术短板。

注释

[1] 本文所涉相关信件，均藏国家图书馆，文中不一一注明。本文为中国文化走出去协同创新中心课题“美国的中国艺术史‘普林斯顿学派’研究”（编号：XTCX150614）阶段性成果。

[2] 罗振玉，《雪堂类稿·甲·笔记汇刊》，沈阳：辽宁教育出版社，2003年版，358页。

[3] 参见1916年12月4日罗振玉致王国维信。

[4] 溥仪著，《我的前半生》，中华书局，1977年版，168页。笔者按：虽然溥仪的回忆录中充满了对罗振玉的偏见，但鉴于很多事情是溥仪本人的亲身经历，抛开成见，我们仍可从中发现可能的史实。

[5]〔日〕斋藤悦蔵（董盦）编，《董盦蔵书画谱》，大阪：博文堂，1928年版。

[6]〔日〕长尾雨山著，《南宗衣钵跋尾序》，见罗振玉，《南宗衣钵跋尾》，大阪：博文堂，1916年版。

[7]〔日〕鹤田武良著，原田悟郎氏闻书，原载《中国明清名画展》，日中友好会馆1992年版，见〔日〕鹤田武良撰，蔡涛译《原田悟郎先生访谈——大正、昭和初期中国画藏品的建立》，范景中、曹意强、刘赦主编：《美术史与观念史》XIV，南京：南京师范大学出版社，2012年版，537页。

[8] 同注[7]，541页。

[9]〔日〕弓野隆之著，《阿部房次郎的收藏历程》，见关西中国书画收藏研究会编：《中国书画日本收藏》，56—57页。

[10]〔日〕阿部房次郎著，《爽籁馆欣赏》第一辑，大阪：博文堂，1930年版。1937年阿部去世后，他的儿子继承遗志，又编《爽籁馆欣赏》第二辑，大阪：博文堂，1939年版。

[11]〔日〕阿部房次郎编：《爽籁馆欣赏》第一辑，“序”。

[12] 按：关西地区的藏品不与内藤和长尾有关的很少，二人写下大量的跋语。

[13]〔日〕鹤田武良撰、蔡涛译：《原田悟郎先生访谈——大正、昭和初期中国画藏品的建立》，559页。

[14] 王庆祥、萧文立校注：《罗振玉王国维往来书信》，北京：东方出版社，2000年版，28页。

[15] 同注[14]，42页。

[16] 同注[14]，45页。

[17] 同注[14]，48页。

[18] 同注[14]，58页。

[19] 同注[14]，78页。

[20] 同注[14]，81页。

[21] 例如，以“风格分析”著称的美国普林斯顿大学艺术与考古系教授、

纽约大都会艺术博物馆亚洲部前主任方闻先生，在其1973年的《夏山图：永恒的山水》(WenFang, Summer Mountains：The Timeless Landscape, NewYork：The Metropolitan Museum of Art, 1973)中，基本方法就是标定一些中国画史上带有纪念碑意义的重要经典作品以及因这些重要经典作品发展出的“形式序列”(即风格演化派生的作品)与“直接传承经典画作风格的作品”，那些作为基准的绘画作品，一旦经科学鉴定，也应成为其唯一毋庸置疑的物证。参见方闻著、谈晟广译：《夏山图：永恒的山水》，上海书画出版社，2016年版。

[22] 如：“先生少年固已尽通国初及乾、嘉诸家之说，中年治辽、金、元三史，治四裔地理，又为道、咸以降之学，然一秉先正成法，无或逾越。其于人心世道之污隆、政事之利病，必穷其原委，似国初诸老。其视经史为独立之学，而益探其奥安，拓其区宇，不让乾、嘉诸先生。至于综览百家，旁及二氏，一以治经史之法治之，则又为自来学者所未及。”

[23] 同注[14]，134页。

[24] 同注[23]，140页。

[25] 同注[23]，182—185页。

[26] 同注[23]，185—187页。

书法大时代的默默耕耘者

——王国维书法浅议

杜鹏飞

名儒汇集的书法交游

静安先生（即王国维）是近现代史上举世公认的学术大师，1925年至1927年曾担任清华学校研究院国学门导师。他早年追求新学，把西方哲学、美学思想与中国古典哲学、传统美学思想相融合，形成独特的美学思想体系，继而攻词、曲、戏剧，后又治上古史学、古文字学、考古学、敦煌学和边疆学等，在诸多学术领域皆有开创之贡献。终其短暂一生，著作六十余种，曾自编定《静安文集》《观堂集林》刊行于世，逝世后另有《王国维遗书》《王国维全集》等出版。2017年，时逢静安先生诞辰140周年，清华大学艺术博物馆特主办了"独上高楼·王国维诞辰140周年纪念展"，以志纪念。"独上高楼"，取自静安先生"三重境界说"之第一境界："独上高楼，望尽天涯路。"不仅可喻其令后人难以望其项背的学问之大成就，亦可喻其孤傲的个性和特立独行的行事风格。

历来谈静安先生，多从其学术着眼，而他的

书法则罕有论及，本文即以本次展览中的展件为中心，浅议王国维的书法。

晚清至民国，王国维所处的时代，恰恰是书法求新求变、大家迭出的时代。其时，几个重要的外部条件促成了书法的大繁荣、大发展：一是1905年科举取士制度的废除，把士人从馆阁体书风中解放出来；二是照相、印刷技术的传入和流行，使得历代法书名帖得以广为传播；三是金石考据兴起带动的大量古器物、古碑刻出土问世，可资取法的新材料远胜以往；四是书学理论和书法观念的变革，以康有为为代表的一批学人对金石书风的大肆宣扬与推广，碑学一时成为显学，也确实为晚清至民国时期的书法变革注入了新的动力。仅就“独上高楼·王国维诞辰140周年纪念展”中所陈列的展品中提到的与静安先生有交游者，随手可以举出数例。如王国维的师友沈曾植（1850—1922），乃晚清民国的一位书法大家。沈曾植进士出身，博古通今，学贯中西，以“硕学通儒”蜚振中外，誉称“中国大儒”，曾官至总理衙门章京等职。沈曾植以草书著称，取法广泛，熔汉隶、北碑、章草为一炉，碑、

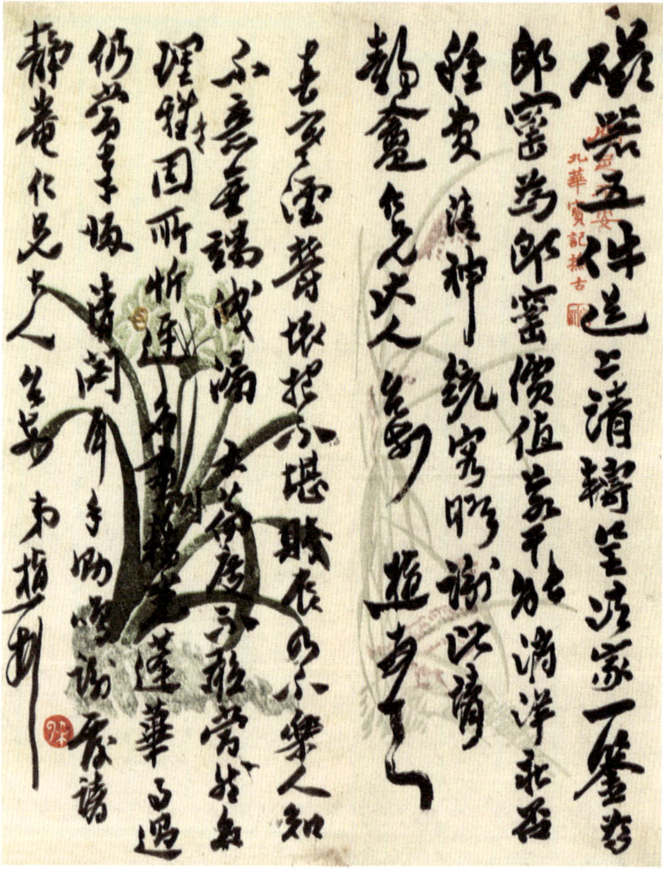

沈曾植致王国维信

帖并治，尤得力于“二爨”，体势飞动朴茂，纯以神行。其个性强烈，为书法艺术开出一个新的境界。

又如王国维在清华国学研究院的同事梁启超（1873—1929），其书法独树一帜。他将传统的帖学与当时社会所崇尚的碑学进行了非常成功的融合，从而形成自己“帖神碑骨”的书法风格。梁启超在 1898 年以前，走的完全是科举之路，其书法也是中规中矩的“馆阁体”。1910 年前后，梁启超肆力于学碑，这或许是其师康有为极力倡导并身体力行的新的书法美学观念使然。到 1925 年进入清华研究院时期，梁启超的书法已完成碑帖融合，走出了“馆阁体”的禁锢。

再如同时代的学者、诗人、书画家姚茫父（1876—1930），与王国维、吴梅并称近代曲学三大家，与梁启超、陈师曾等人皆为好友，志同道合。其书法风格走的是和梁启超类似的道路，先“馆阁体”应试，后用心于汉魏碑刻，最终形成碑帖融合的书风。而王国维在国学研究院的另一位知交陈寅恪（1890—1969）之长兄陈师曾（1876—1923），是与姚茫父齐名的北方画坛领袖，有“姚陈”之称。陈师曾天分极高，书法独树一帜，追求金石味道，书画受日本南画及乃师吴昌硕的影响，风骨清奇。可惜天不假年，陈在 1923 年回乡尽孝时，不幸染病而殁。展厅里的王国维旧藏《汉三老碑》拓片，有陈师曾和姚华在 1921 年的题签和题跋，可证三人之交谊。即使是具体促成王国维到清

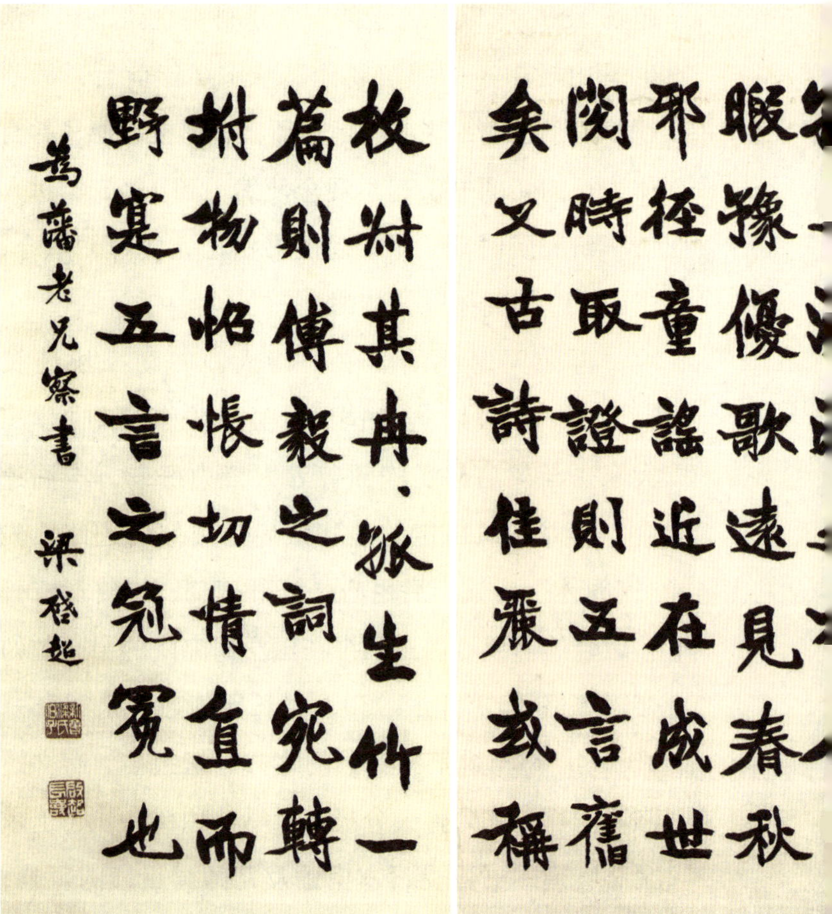
暇豫優歌遠見春秋
邪徑童謠近在成世
閱時取證則五言舊
矣又古詩佳麗或稱
枚叔其冉、孤生竹一
篇則傅毅之詞宛轉
附物怊悵切情直而
野寔五言之冠冕也
為藩老兄察書
梁啓超

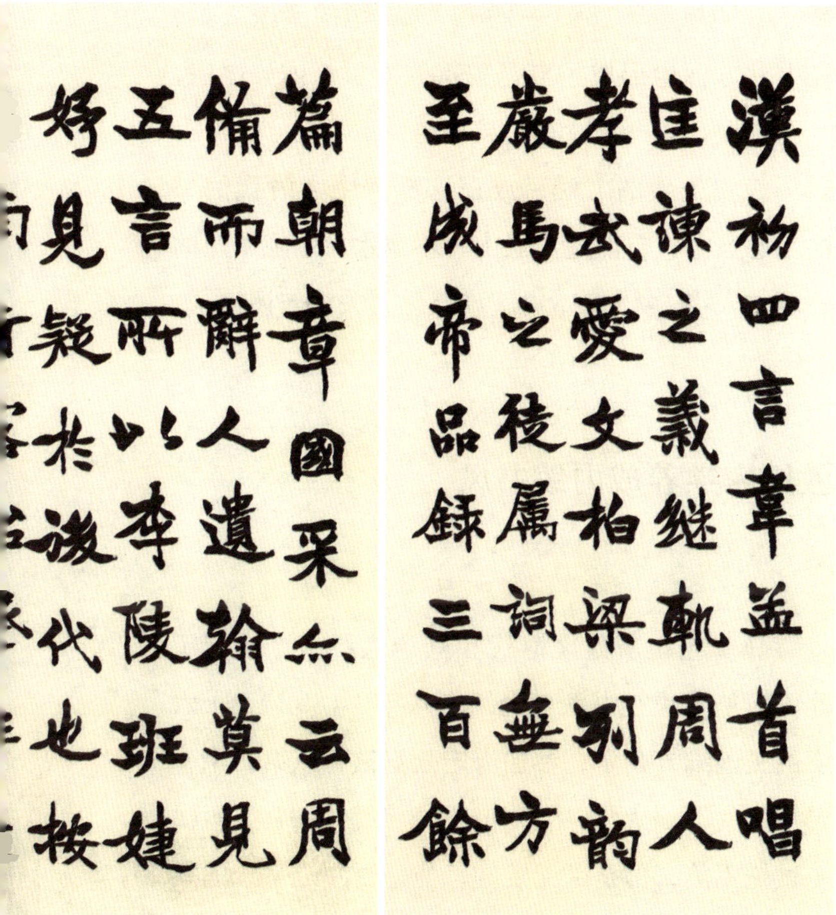
漢初四言韋孟首唱
匡諫之義繼軌周人
孝武愛文柏梁列韻
嚴馬之徒屬詞無方
至成帝品錄三百餘
篇朝章國采亦云周
備而辭人遺翰莫見
五言所以李陵班婕
妤見疑於後代也按

华任教的胡适（1891—1962），典型的新派人物，在书法方面也形成了自己独特的面目，体势端庄，点画舒展，有一种特有的灵动与自信。

静安先生的书法，放在这样一个大时代的书法生态当中，自然是不显山、不露水，中规中矩的一笔文人字、学人字，也就难怪乏人关注与评论了。

敦厚家学养成内敛书风

静安先生所处之时代和其个人经历，决定了他不可能不重视书法。光绪十八年（1892），十六岁的王国维入州学，参加海宁州岁试，以第二十一名中秀才。此后虽然参加 1893 年、1897 年两次乡试均不第，但是毫无疑问，他是受到过系统的举业训练的。绵延千余年的科举取士制度，发展到明清时期，对士子应试的书法已经形成了“黑、亮、光”的评价标准。清朝是最重视以书法选士的朝代，各级考试强调以“楷法尤光致”者为上选。所以举

姚茫父《杞菊图》

凡走科考道路的学子,必然会受到严格的“馆阁体”书法的训练。王国维自然不能例外。前文所举之梁启超、姚茫父、沈曾植也无不如此。“馆阁体”训练的结果，是一笔规范、整齐、端庄的楷书，当然在某种意义上，也是对书写者书法个性的拟制和扼杀，“馆阁体”甚至成了无个性、无生气、呆板如算筹之书法的代称。

然而，文人士夫对书法之重视，犹如女子对容貌的关注。所谓书如其人，书法就如同一个人的衣服、装饰，一个人穿着是否得体、服饰是否考究，明眼人一目了然。秀才人情纸半张，文人士夫之间的交游往来，离不开书法媒介，又岂敢不自讲究而蓬头垢面?

虽然我们目前无缘看到静安先生早年应试体的书法作品，然而，只要考察静安先生存世的书法作品，无论是书信、题跋，还是专门书写的扇面、书札，仍能够感受到他早年“馆阁体”书法训练的深刻影响。终其一生，从写于 1900 年前后的那些信札，到投湖自沉前一日的绝笔遗书，前后跨度近三十年，他的书法惊人地保持着高度的稳定性和一

致性，这也是一个非常有趣的、值得研究的现象。笔者以为，这至少可以说明几点：一是静安先生所受科举训练之严格与有效；二是静安先生显然无意成为书家，作为学者，他没有花更多心思和精力在书法的创新和创格方面；三是静安先生的书法当主要来自家学影响。

先说静安先生书法的家学渊源。海宁王氏是当地的书香世家，王国维的父亲王乃誉是一位“名不出于乡里”（语出王国维《先太学君行状》）的地方文人，在诗词文赋与金石书画方面均有一定造诣。王国维成长于这样的传统家庭，家学影响是他学术人生的起点，并为其一生学术基业奠定了坚实的基础。关于这一点，已多见论述。目前存世的《王乃誉日记》大多珍藏在上海图书馆，时间跨度自光绪十七年（1891）至光绪二十三年（1897），虽缺失三段，计约十八个月的内容，但是涉及静安先生从15岁到21岁这段时光约300多处记录，从中足以窥探其少年至青年时期的学业与思想历程。本展展件中亦有一本《王乃誉日记》和一件王乃誉书法团扇，前者乃得自静安先生后人，起于光绪三十一年(1905)八月廿五日，止于次年（1906）丙午闰四月十九日。

王乃誉过世时，王国维曾撰有《先太学君行状》，其中提到："日临帖数千字，间于素纸作画，躬养鱼种竹，以为常课。"又说："君于书，始学褚河南、米襄阳，四十以后专学董华亭，识者以为得其神髓。画无所不师，卒其所归，亦与华亭娄东为近。"细审团扇、《王乃誉日记》和静安先生的书法，可知其书当主要源于家学。其结体绝肖乃父，颇得"二王"书风，更得董其昌神韵。正合王先生对其父书法"四十以后专学董华亭，识者以为得其神髓"之评价。在《王乃誉日记》中，也确有多处提到指导静（即王国维）作字之法。如《王乃誉日

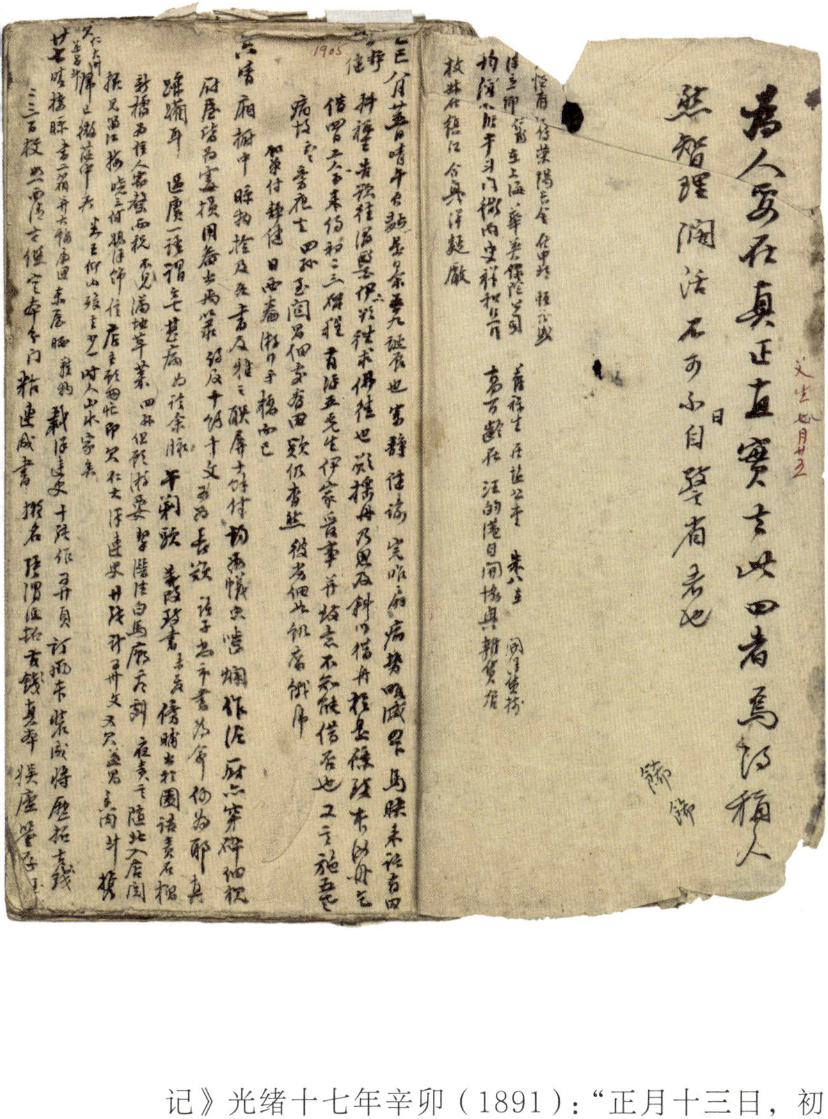

记》光绪十七年辛卯（1891）：“正月十三日，初为静指示作字之法。游衍随意，尚不足口，盖久闲欲骤坐定甚难。可知懒惰害人，而人不自觉，犹马之脱辔、鹰之脱韝，一纵不可复收，少年宜自惩戒也。……二月十二日，为静指示作字之法……二月

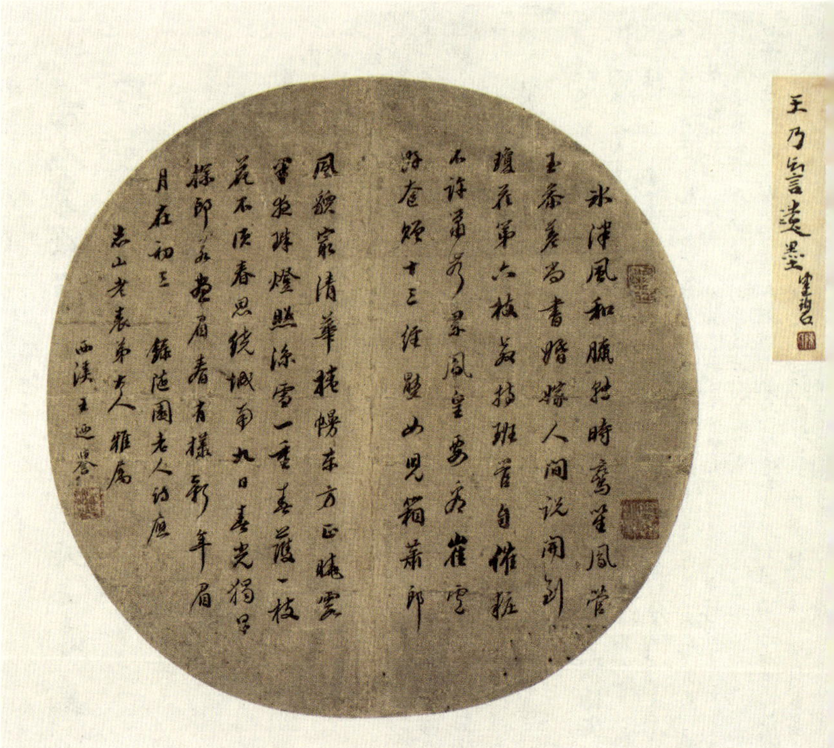

十四日，改静儿字……”1891年时，王国维已经十五岁，次年即考中秀才，而此时的王乃誉还在为他“指示作字之法”，可见父亲对他敦促指授之严。

王氏后来喜鉴藏、攻考据、研史学，想必也是与早年间其父的耳濡目染有一定关系。王国维七岁，乃誉公送他入邻近书塾从潘紫贵（绶昌）先生接受传统教育，每晚归家后复大量读书。王国维回忆：“家有书五六箧，除《十三经疏》为儿时所不喜外，其余晚自塾归，每泛览写。”王国维十一岁时，乃誉公又送他从邑人庠生陈寿田先生读书。陈先生曾受过西方学述思想陶冶，为静安先生日后治西学开启了一扇门。

王国维的书法虽然完全得自家学，但是毕竟其个性、学识、见解不同于常人，他的字比王乃誉更加内敛，更加谨严，尤其反映在金石题跋方面，可以说一笔不苟，中宫内敛，点画沉着。相比之下，反而是他父亲乃誉公的字更加多几分潇洒和飘逸。

“古雅”说与传统书风的契合

如前所述，静安先生不太可能不在意书法，也的确写得一手优美流丽的“馆阁体”，然而，同时必须指出，静安先生又不可能太在意书法。这一点，是他和沈曾植、梁启超、姚茫父等人很不一样的地方。以王先生的天赋和见识，如果想要在书法方面有所成就，应该是相对较为容易的事情，因为他有系统的西方美学观念，又有深厚的中国传统文化素养。王国维所接触的书法资料，上自殷墟甲骨、秦汉金石碑版，下迄历代名家法书、同辈墨迹，数不胜数。为什么说王国维可能没那么在乎书法呢？尽管他十六岁即考取了秀才，被视为神童，与同乡陈守谦、叶宜春、褚嘉猷有“海宁四才子”之称，但是从内心来讲，王国维是向往新学的。特别是1894年甲午海战的失败，对王国维触动很大，从此对以八股文为内核的那一套科举取士制度，从内心有所抵触，以致于尽管在父亲王乃誉的鼓励和敦促下，相继参加科考与乡试，最终绝意科场，义无反顾地走上“独学”的道路。其实早在考中秀才之后，王国维已无意于功名。他的好友，后来任江西石城、大庚两县知县及候选知府的陈守谦在《祭王忠悫公文》中就曾道：“其时，君专力于考据之学，不沾沾于章句，尤不屑就时文绳墨。”

在静安先生这样绝意科场、以学术安身立命的学者眼中，书法毕竟首要是实用，是用其来记录自己的思想、观念和学术见解的工具。因此，当一个人醉心于学术时，对于书法一定无暇过于讲求。

这一点，清华国学院陈寅恪、赵元任等人应该都是认同并身体力行的。而梁启超先生则把书法作为自我调节的手段，是自娱自乐的工具。

众所周知，王国维是美学家，他的美学观念和美术观念自然会反映到他对书法的认识中。“美术者，上流社会之宗教”，他把美术和审美活动上升到宗教的高度。王先生所称之“美术”，固然包括书法与绘画，但是也并非我们今日所理解的狭义之“美术”，而是涵盖了诗歌、戏剧、小说、音乐、舞蹈、雕塑、建筑、书法、绘画等几乎所有的文化艺术形式。美术之作用，在于怡情养性，王先生在《去毒篇》中提出以美术代宗教的观点，可以理解为美术是文人士夫的精神寄托。此外，静安先生的“古雅观”，或许也影响了他的书法观。

在《古雅之在美学上之地位》一文中，王先生首次提出了“古雅”说，并且进一步指出：

欲知古雅之性质，不可不知美之普遍之性质。美之性质，一言以蔽之曰：可爱玩而不可利用者是已。虽物之美者，有时亦足供吾人之利用，但人之

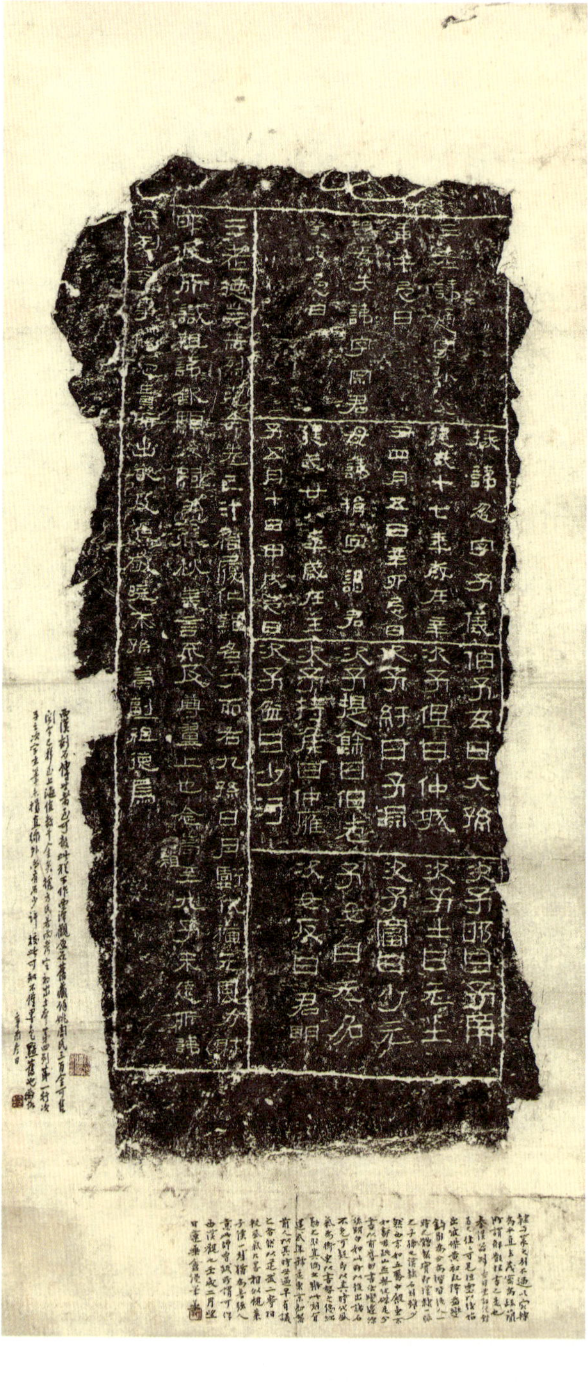

姚陈同题王国维拓片

视为美时，决不计及其可利用之点。其性质如是，故其价值亦存于美之自身，而决不存乎其外。而美学上之区别美也，大率分为二种：曰优美，曰宏壮……前者由一对象之形式不关于吾人之利害，遂使吾人忘利害之念，而以精神之全力沉浸于此对象之形式中。自然及艺术中普通之美，皆此类也。后者……如自然中之高山大川、烈风雷雨，艺术中之伟大宫室、悲惨之雕刻象，历史画、戏曲、小说等皆是也。

然而，他接着指出，古雅却和优美与宏壮皆不同：

若夫所谓古雅者则何如？一切之美，皆形式之美也……就美术之种类言之，则建筑、雕刻、音乐之美之存于形式固不俟论，即图画、诗歌之美之兼存于材质之意义者，亦以此等材质适于唤起美情故，故亦得视为一种之形式焉……故除吾人之感情外，凡属于美之对象者，皆形式而非材质也。而一切形式之美，又不可无他形式以表之，惟经过此第二之形式，斯美者愈增其美。而吾人之所谓古雅，即此种第二之形式，即形式之无优美与宏壮之属性者。亦因此第二形式故，而得一种独立之价值，故古雅者，可谓之形式之美之形式之美也。

古雅只存在第二形式之中，将其理论施于书法、绘画等艺术中也是恰当的：

凡吾人所加于雕刻、书画之品评，曰神、曰韵、曰气、曰味，皆就第二形式言之者多，而就第一形式言之者少。文学亦然，古雅之价值大抵存于第二形式。

所说“古雅”存在于第二形式书画之中，是后天的、经验的、特殊的、偶然的，诚如其说“故古雅之判断，后天的也，经验的也，故亦特别的也，偶然的也”。“古”即与“今”之义相对，指因时间年代的不同所形成的距离美；“雅”即与“俗”之义相对，指艺术形式所表现出来的艺术意趣格调。书法同绘画等艺术一样的审美判断随时代的不同而改变，旧时的“俗”便是今日的“古”。古雅美是历史性的、发展的。时代不同，同一艺术作品，欣赏者今天认为古而雅，但古人却并不这样认为，“若古人之眼观之，殆不然矣”。这是由于古人与今人审美的位置与角度差异，“吾人所断为古雅者，实由吾人今日之位置断之”。

崇尚“古雅”之美，或许是王国维选择传统书风的理论根源。

王国维见多识广，书法创新非不能也，实不为也。如前所述，他所接触的书法新资料甚至远远超出同时代的学者和书家。仅以他亲自编定的《观堂集林》为例：殷墟卜辞、两周金文、战国文字、西域汉简、汉魏石经、敦煌文书等等，上至上古三代甲骨、青铜文字，下迄魏晋隋唐的简帛写经，皆与书法相关。这些新材料的出土发现与出版流通，是促成民国书风转化的动力之一。然而，王国维仅把这些作为他研究学问的材料，并未将精力放到书法上面。本展展出的数件王国维题跋的金石作品，如罗、王跋金石拓本、王跋石鼓文清初拓本、王跋秦公敦，有的直接收入《观堂集林》，有的作为专门文章的素材，经进一步补充铺陈后收入《观堂集

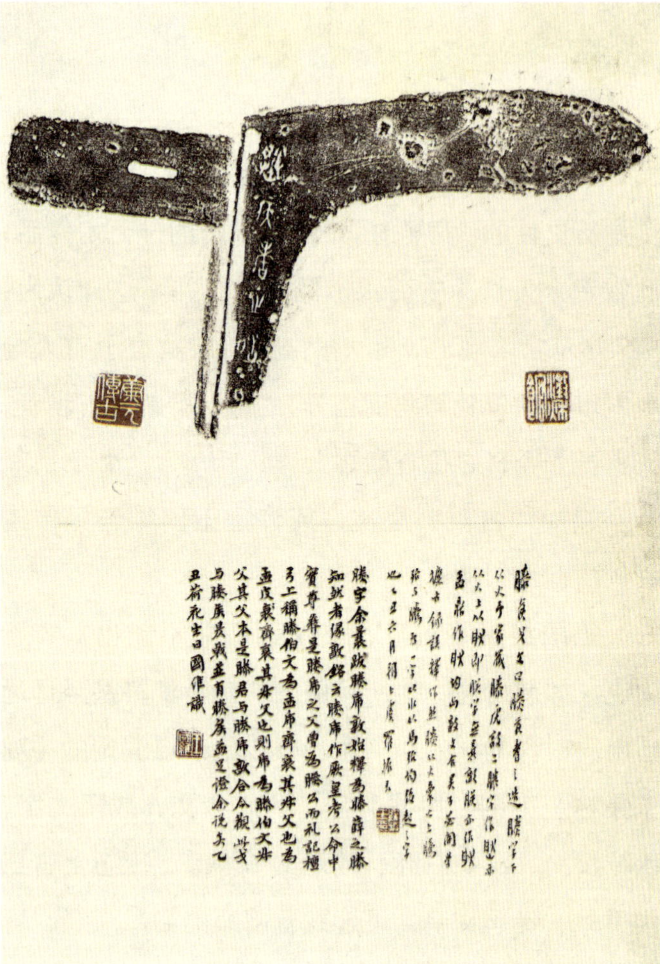

林》，可见他的全部心思所系乃学术也。

晚清至民国，世变途殊。一些学者极力鼓吹、身体力行金石书法，旨在打破一统书法江湖千数百年的“二王”传统，也确实开创出异彩纷呈、别开生面书法新态；亦有学者，则依然选择默默承继，不为时风所动，依然坚守文人书写之传统。王国维便是这后者中的一员。这种坚守，我们很难简单归之为“保守”。如今回望风云际会的19世纪末至20世纪初,仅仅从书法和书风的角度,“创新”与“保守”的功过是非，也不宜简单评价。这就如同生物的进化，遗传和变异同等重要，遗传保障了“种”的延续性和稳定性，而变异则意味着进化的可能性。然而不是所有的变异都是“正面的”，在生物界，绝大多数的变异都是“负面的”，是无法稳定存在和传承的,只有少数变异,改善了生物的机能,使其更加适应环境，或者超乎同类，从而产生竞争优势，并通过遗传将这种优势传承下去。生物界的遗传和变异是时刻发生着的普遍现象，所以才会有个体与个体、子代与父代之间的相似和相异。从书法生态而言，对传统的忠实继承可比拟为遗传，而个性化的探索和创造性的发挥则可比拟为变异。没有遗传，书法传统就无法延续，而没有变异，就不会创造和发展，也就不会有今天丰富多彩的书法生态。书法的学习与传承中，遗传和变异也是时刻发生着的普遍现象。于是我们才可能将某人归于某个谱系,也才可能区别此人与彼人的书法风格。当然,有相当多的个体,其变异的幅度极小,如果我们不细致考察,甚至会忽略掉这种变异。王国维先生的书法就是这继承传统、变异不大的一个典型个案。

文心若水　尺素情深

——王国维手札中的学术交往

朱　彦

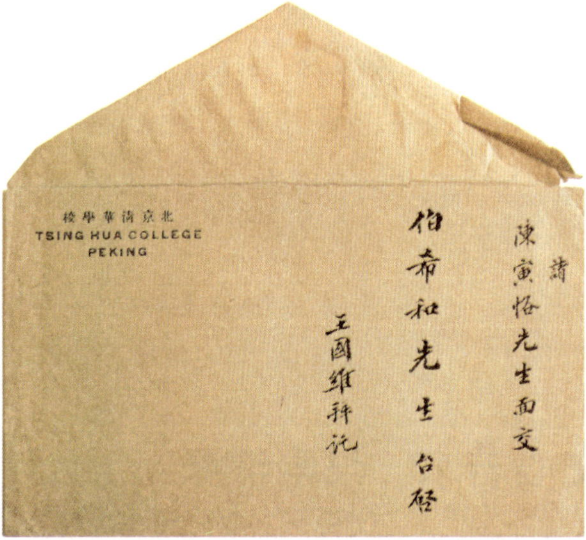

王国维致伯希和信封

中国作为一个有着深厚文化积淀的文明古国，信札文化自古就十分发达。传统书信来往极其讲究礼数，如何具礼、称谓、祝颂，乃至书写格式及字体等，都有着约定俗成的规矩，而且这种传统已经延续了几千年。在新旧交替的民国时期，虽然也有胡适等人大力推行并实践白话文的写作，但在这些文化修养比较高的文人学者之间，他们还是更愿意采用传统的文言书信来进行日常交流。

王国维作为学贯中西的大学者，受过传统文化的滋养，也保留着老派文人的一些习惯，所以信札中透着一股文人书信特有的古雅。即便是写给法国汉学家伯希和的信件，也是非常标准的文言书信。如果从叙事角度来看，这些传统的信札，在固定格式之下，饱含的是王国维的思想与情怀，展露的是他清淡如水的文心，记录的是活色生香的丰富内容和博大而精深的学术理念。

家学濡养　如沐春风

王国维出生于书香世家，他的父亲王乃誉博洽多才，专攻书画篆刻、诗词古文等，著有《游目录》《娱庐诗集》《画粕》《古钱考》等书。王国维回忆父亲十余年的经商生活：

遍游吴越间，得尽窥江南北诸大家之收藏，自宋、元、明、国朝诸家之书画，以至零金残石，苟有所闻。虽其主素不识者，必叩门造访，摩挲竟日而去，由是技益大进。

由此可见王乃誉对书画金石的痴迷与修养之

深。王国维称其父“书学褚河南、米襄阳，四十以后专学董华亭”。有着丰富的鉴赏经历及艺术实践经验的王父经常“口授指画”，在督责王国维学好私塾课、备考科举考试之外，还特别注重对他的诗词写作、临帖习字、鉴赏古器等方面学养的培养。王乃誉曾在自己的日记中详细记载了亲授王国维习字：

（辛卯正月十三日）初为静（按：静安）指示作字之法。游衍随意，尚不足□。盖久闲欲骤坐定甚难。可知懒惰害人，而人不自觉，犹马之脱缰，鹰之脱鞲，一纵不可复收。少年宜自惩戒也。[1]

（同月十四日）早作字，并改静儿字。[2]

（甲午四月十八日）上楼，见静儿作书，竟无是处。稍示之，犹不见其工整，况腴润端厚何可得耶！[3]

（辛卯七月十七日）伯氏又送挽诗来请，遂嘱静踵成之，并兼书楷焉。盖教其不可畏事，亦不可鲁莽。即此小事，亦犹磨镜然，极至精光，落笔何难耶？[4]

不仅如此，王乃誉还亲自教导其悬腕、运笔、施墨的功夫，并传之“笔、墨、力”作为书法的“三字金箴”。事实上，王乃誉对王国维的培养在他幼年的时候便已十分用心，尤其是诗词、古文方面的诵读和创作。据《王国维年谱》，王国维同父异母的弟弟王国华追忆：

丁亥，先大父嗣铎公弃养，先君遂里居不出，以课子自娱。发行箧书，口授指划，每深夜不辍。时先兄才十一（岁）耳。诗文时艺，早洛洛成诵。复令从同邑陈寿田先生读，月必课骈散文、古今体诗若干首。是为先兄治诗文之始。

王乃誉的辛勤培育，造就了王国维的早慧聪颖，也为他日后的杰出成就打下了旁人难以企及的旧学功底。

王国维此后得到伴其一生的贵人罗振玉的赏识，也正是这种旧学功底发挥了作用。清光绪二十四年（1898）正月初二，罗振玉到《时务报》馆给馆主任汪康年拜年，偶遇王国维，继而又看到

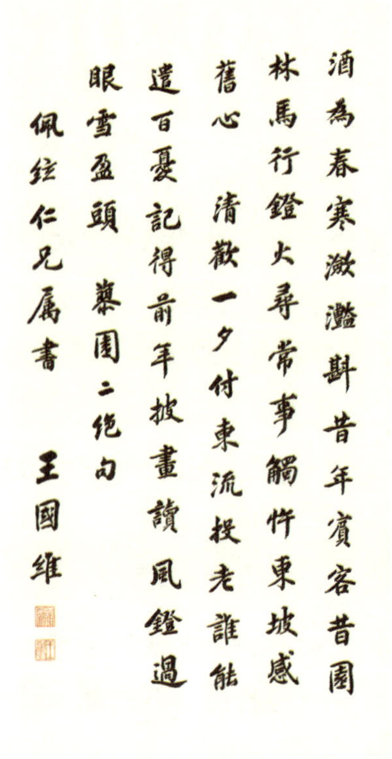

酒為春寒瀲灩斟昔年賓客昔園
林馬行鐙火尋常事觸忤東坡感
舊心　清歡一夕付東流投老誰能
遣百憂記得前年披畫讀風鐙過
眼雪盈頭　蓼園二絶句
佩絃仁兄屬書　王國維

王国维《赠朱自清先生的蓼园诗》手迹

他为同舍生撰题的扇面上的咏史绝句：

西域纵横尽百城，张陈远略逊甘英。
千秋壮观君知否？黑海东头望大秦。

罗振玉乃“大异之”，认为王国维确实有过人之才，于是在光绪二十四年（1898）二月初六东文学社正式开学之时，推荐其入社学习。东文学社是罗振玉在上海兴办的第一家有影响的专业日文学堂，王国维在此不仅学习日语，也在日本学者藤田丰八（1869—1929）和田冈佐代治（1870—1912）的影响下开始系统学习西方文化，康德和叔本华著作的日译本最早便是其在东文学社开始研读的。

这为他日后成为学贯中西的大学者提供了重要的契机，也因此得以结识不少饱学之士和书法大家，比如沈曾植、沈兼士、唐兰、吴昌硕、缪荃孙、郑孝胥、胡适、容庚、陈垣、马衡、朱自清、黄宾虹等人。他们的诗书唱和于潜移默化中互相影响，也使王国维在当时文化艺术的核心圈子里受益匪浅。

鉴画之外　别出心裁

王国维绝大多数手札便是与上述那些学者文人的书信往来。在这些书信中，写给罗振玉的信数量最多，现存于国家图书馆的罗、王之间的往来书信就有一千多封。

1911 年辛亥革命以后，罗振玉便决定自我放逐，前往京都做寓公。和他同行的除了自己的家人，还有王国维一家。1916 年 1 月 4 日，王国维离开日本返回上海，加入哈同创办的仓圣明智大学，主持《学术丛编》的编辑工作。在随后的一两年间，王国维在学术工作之余的主要任务便是充当罗振玉的“耳目”，替远在东洋的罗振玉代购各种古玩字画，尤其以南宗绘画为重点。这与此时罗振玉通过各种商业渠道收藏、整理和出售南宗绘画、打开日本藏品市场的策略有关。在王国维写给他的好几百通书信中，就有大半是在叙述这些字画的搜购细节，宛若一部翔实的“贩画报告”。

王国维丝毫不敢懈怠地向罗振玉报告经他目鉴的古画，与他经常接触的有汲修斋老板程冰泉、博古斋的柳蓉村、有正书局老板邓秋枚、蟫隐庐旧书店的罗振常（罗振玉的弟弟）等人。罗振玉得信后，从中选出自己想要的物件，由王国维寄到日本。有时也托人或由罗振玉的儿子带到日本，由罗振玉亲自过目定夺，最后由王国维安排付款。这些向罗振玉汇报的书画行情到底是些什么内容呢？写清书画的品目、价格和初步的真伪判定是最基本的内容。如在1916年2月11日，王国维在写给罗振玉的信件中说：

次早往访纬公，已将画件交楚。出过汲修斋，冰泉出示诸画，中有赵昌花鸟轴（内府藏本）、赵荣禄夫妇画兰卷，元人题跋甚多，均佳。云林山水卷一，似不如尊藏立帧。而赵卷价二千，倪卷一千，似均非可留之物。许道宁大幅系旧画，维不能定其真伪。又有徐熙等幅（有宋高宗题字），似伪。又宋元花卉册（即内府藏者），似亦无惊心动魄之观，与寻常宋元册殊无大异。其余伪物大多。渠有派人赴东之语，未知果否？前次被关吏将画件掠去，失去北苑画一件（其伙云直数十元），又罚银四十两，并诸种小费，共出百余元，因此遂意兴萧索。维告以公语，渠云当即派人。后有便，当再过之。

在1916年11月15日，王国维在写给罗振玉的信件中说：

五代　巨然《秋山问道图》
纵一五六厘米　横七七厘米
绢本墨笔　台北故宫博物院

今日见程冰泉，其人尚未赴粤，刘二先生之晋唐小楷（即以造象易得者）在渠处求售，索二千金，可谓奇贵。其宋人画竹，询其购主，则云蒋梦平以七百元购之，然则此画将往西洋矣。冰泉言山本悌二郎在此购画约三万元，以千二百元得一戴文进，又虚斋之董文敏、王烟客二幅，以三千元购之，沪上恐久无此华客矣。

不仅如此，王国维也大量查阅相关资料，提出一些颇有见地的鉴定依据。在众多画家中，王国维对董源、巨然的画风比较有研究，对鉴赏他们的作品十分有把握，在尚未接触到巨然画作的前提下，便自信可以从气象和墨法两个方面来鉴定真伪。如他在 1916 年 11 月 1 日致罗振玉的信件中便说道：

巨师画，乙老前言半似河阳，维已疑董、巨同出右丞，巨公当有此种笔法……维于观明以后画无丝毫把握，唯于董、巨或能知之；且如此大卷，必然有惊心动魄之处，以‘气象’‘墨法’二者决之，可无误也。[5]

乙老即沈曾植，别号“乙盦”。其后五日，也就是11月6日，当王国维在沈曾植处正式受邀获观巨然的真迹时，对巨然的画作是这样记录的：

巨然卷，末题‘锺陵寺僧巨然’六字，略似明人学锺太傅书者，似系后加。卷长二丈有余，不及三丈，前云五丈者传闻之误也。全卷石法、树法全从北苑出，树根用北苑法，石有作短笔麻皴者（因画江景故），虽不辟塞而邱壑特奇（宫室亦用董、巨法，前半仍是巨法，不似河阳，山石阴阳分晓，有宋人意，或当时已有此风，亦未可知），温润处不如唐朝诗意卷，气魄亦逊。窃谓此卷若以画法求之，则笔笔皆是董、巨，惟于真气惊人之处，则比《秋山行旅》《群峰霁雪》诸图皆有逊色。用墨有极黑处，当是宋人摹本，未敢遽定为真（然谓之买壬得羊，则无不可）。[6]

王国维认为画作的表现技法虽然可以师承，但其中所蕴含的精神气质却有高下深浅之分，可以以此作为判别真迹或者摹本的依据。又过了一日，王国维在11月7日至8日致罗振玉的信中又重申了这种观点，强调前日获观的《江山秋霁图》卷虽于技法上有所本源，但“元气浑沦”终有不及：

今日又将董、巨诸画影印本展阅一过。觉昨所观《江山秋霁卷》为宋人摹本无疑。其石法、树法皆有渊源，惟于元气浑沦之点不及诸图远甚，用笔清润处亦觉不如。卷中高石皴法与《雪霁图》略同，矮石作短披麻皴，求之董、巨诸图均所未见。[7]

罗振玉在11月8日的回函中对王国维指点：

弟于此票书画，所重在巨师者。巨之画一见可别，第一其气势浩瀚，有长江大河一泻千里之势。纸幅愈大，气象亦愈壮。若此五丈之卷果出巨师手，必仍若不能尽其技。若它人为之一卷，未半而才已竭矣。次则观其墨法，巨师渲染，虽或用极皴之墨，亦沉着深黝，它人不能。[8]

罗振玉要求王国维在关注其画作气势的同时，

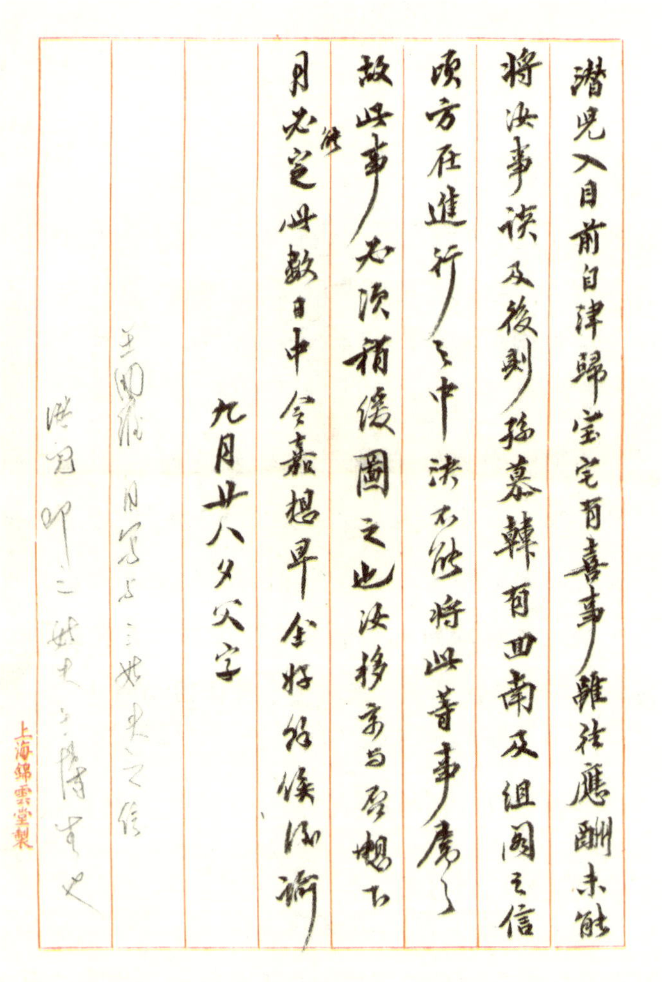

潜儿入目前自津归寓宅有喜事虽往应酬未能将汝事谈及后刻孙慕韩有回南及组阁之信须方在进行之中决不能将此等事虑之故此事不须稍缓图之也汝移京当否想不月不定此数日中令嘉想早全好矣顺询

九月廿八夕父字

上海锦云堂制

王国维致王潜明信

也要特别重视其笔墨的表现。在 11 月 24 日致王国维的信件中，罗振玉又提议可寻以往所见进行参证：

巨师卷真伪之别，有二者可以定之。一、真

者墨气必深郁沉者，二、真者必拍塞满幅也。但于此二者办之，十得七八矣。弟仍志在必得，意中揣巨卷必真品也。公何不先取一阅之？公曾见《江南半幅》及东人所藏《万壑图》卷及弟所藏北苑《雪卷》，此可参证也。至笔力之简老，气象之博大，亦断非宋以后人所能到。公定能知之。乙老于此，殆未必能确知之。[9]

一来二去，把鉴画的经验抽茧剥丝般和盘托出。

不过，罗振玉与王国维贩卖书画却并非是出于艺术探索或某种商业目的，而是凭借古物收藏和交易来支撑其宏大的学术出版计划。罗振玉自负能够以有限的财力来实现一个探索中国文明起源的历史使命，他汇集、保藏、流传、考释殷商甲骨，搜罗金石器物、古籍佚书，为中国古代社会研究提供了无数真实的史料。[10]王国维曾强调只需列举三种文献，便可看出其过人的成就：《殷墟书契前编》（1913）和《殷墟书契后编》（1916）、《流沙坠简》（1914）、《鸣沙石室佚书》（1913）和《鸣沙石室佚书续编》(1917),认为它们是“有功于学术最大者”。罗振玉在流亡日本后,既失去了各种专业机构的依靠,也无任何俸禄可言,全凭他的藏品来维持其生计与学术。王国维对此曾有精辟的提示:

辛亥以后,流寓海外,鬻长物以自给,而殷墟甲骨与敦煌古简佚书先后印行。国家与群力所不能为者,竟以一流人之力成之,他所印书籍,亦略称是。旅食八年,印书之费以钜万计,家无旬月之储,而先生安之。举力之所及,而惟传古是务,知天即出神物,复生先生于是时,固有非偶然者。[11]

在罗振玉雄心勃勃地实践自己“传古”使命的过程中,王国维作为其得力助手,也积极参与到这项宏伟的计划中。在他写给罗振玉的信件中,随处可见其对甲骨金文的释读。王国维在上古史研究方面的名作《殷虚卜辞中所见先公先王考》《续考》《殷虚卜辞中所见地名考》等文,有不少材料便是在这种天长日久的文字训诂中逐渐积累起来的。除此之外，王国维在给罗振玉的信件中还有对若干史事、史籍和古简佚书考证的心得，罗振玉亦在复信中一一提出见解。可以说，王国维其后所实践的由陈寅恪提出的“把地下的实物和纸上的遗文互相释证”“外来的观念和固有的材料相互参证”“异国的古书和吾国的古籍相互补正”的二重证据法，很大程度上还是得益于罗振玉新材料的启发。

学人论道　手札敬悉

作为 20 世纪杰出的世界级学者，王国维的影响绝不仅限于中国学界。20 世纪初，随着西方列强的文化策略逐步向外扩张，中国的知识分子群体不得不以积极和汲取的态度开始全方位打量西方人文社科知识体系，并对中国传统文化进行自我审视。以欧洲学者为主体的汉学和以中国学者为主体的国学被认为是相遇于 1909 年 9 月 4 日。在这一日，来自中国官僚阶层的宝熙、刘廷坤、柯劭忞、恽毓鼎、江瀚及来自学界的王仁俊、徐坊、董康、蒋黼、吴寅臣等在北京六国饭店宴请了一位黑发碧眼、清瘦朗俊的法国青年。同月，错过这一盛宴的罗振玉又在董康的引荐下，偕同董康、王国维等学界同仁到法国青年租住的北京住所拜会。据说，引起中国学界集体关注的，当然不是伯希和的黑发碧眼表征或流畅深厚的汉语功夫，而是伯希和行箧中的敦煌文献及这批文献所延展到的中亚当代考古运动。[12] 但是，这次相遇以后，真正能与其时在国际汉学界当值三十余年的西方汉学家伯希和进行学术对话的，恐怕寥寥无几，而王国维则是其中的佼佼者，这从他写给伯希和的两封信件中略可看出端倪。

在 1919 年 10 月 6 日致伯希和的信件中，王国维就伯希和所撰《摩尼教经》译本并《摩尼教考》之作，提供自己新近发现的资料线索：

近闻北京收藏家中有敦煌所出景教经二种，一《志元常乐经》，一《宣元本经》，罗先生拟设法借之影照。又日本友人富冈谦藏敦煌所出《台神论》一卷，亦景教经典。[13]

伯希和先生左右去歲曾承
先生錄寄韋莊秦婦吟全詩至為感紉此間近年迭出土
之物龜甲獸骨久已聞名惟洛陽前年出魏石經一大碑
被土人析而為二其拓本想已 見過其餘零星小塊存一
二字至十餘字者與漢石經零塊共百餘石又有漢石經殘
書之表（或係刻經記）共有二種不知
先生已見過否又鄭州新鄭縣去歲出銅器百許件
皆無文字唯有一器似簠上有王子嬰次之口盧七字 弟

在1911年和1913年的《亚洲学报》上，曾刊出沙畹和伯希和合作疏解的《摩尼教残经》。此经根据罗振玉刊印京师图书馆所藏《摩尼教经》而译，译本其后所附《摩尼教考》即1931年商务印书馆首次翻译出版的《摩尼教流行中国考》，内容主要是疏释《摩尼教经》，并辅以中国人所撰关系摩尼教之记述。王国维在1919年又撰写了同名文章《摩尼教流行中国考》，发表于1921年第11期《亚洲学术杂志》。1923年4月，陈垣先生又在《国学季刊》第一卷第二号上发表了《摩尼教入中国考》，成为此一课题的又一重要著作。事实上，王国维在研究这一问题上特别注重资料的发掘，极具学术眼光，也开启了其“二重证据法”的具体实践，而后来研究摩尼教的成果，也得益于吐鲁番波斯文、康居文、突厥文古籍等材料的陆续发见。新材料的发掘带来全新的学术命题和全新的学术视角，在1925年9月11日致伯希和的信件中，王国维又报告了自己最新发现的石经、铜器等新见材料，可见他对这一学术方法是十分认同并积极实践的。

作为一代国学大师，王国维以其深厚的学识

和宏阔的眼界受到人们的推崇，这从民国学界不少名头响亮的人物写给他的求教信中可窥得一斑。如胡适在 1924 年 7 月 4 日写给王国维的信中请教刘克庄词《贺新郎》中的“杀鸡拍衮”所指为何。在得到王国维的答复后，胡适又进一步检索史书中的记载，再提出意见并向王国维求证，不久以后又就《教坊记》中的曲目再次请教王国维。另如顾颉刚在读《尚书·顾命》时曾向王国维请教康王受册命之地的相关历史问题，亦得到王国维详尽而耐心的指导。再如梁漱溟曾向王国维请教年谱编订体例，何日章曾向王国维请教新郑出土的鼎彝铭文，蒋汝藻曾向王国维请教《客语》的版本问题，马衡曾向王国维请教上古音韵中的声母和韵母问题，吴昌绶曾向王国维请教夏剑臣代小坡刻《清真词》的史实，沈曾植亦曾向王国维请教唐人乐书、旧志中的地理名称等等。凡此种种，均显示出时人对王国维深厚学养的尊重与认可。而在与他书信往来讨论学术的学者当中，我们亦会惊奇地发现，原来这些人除在各自擅长的领域取得成就以外，居然还掌握了如此多样的学

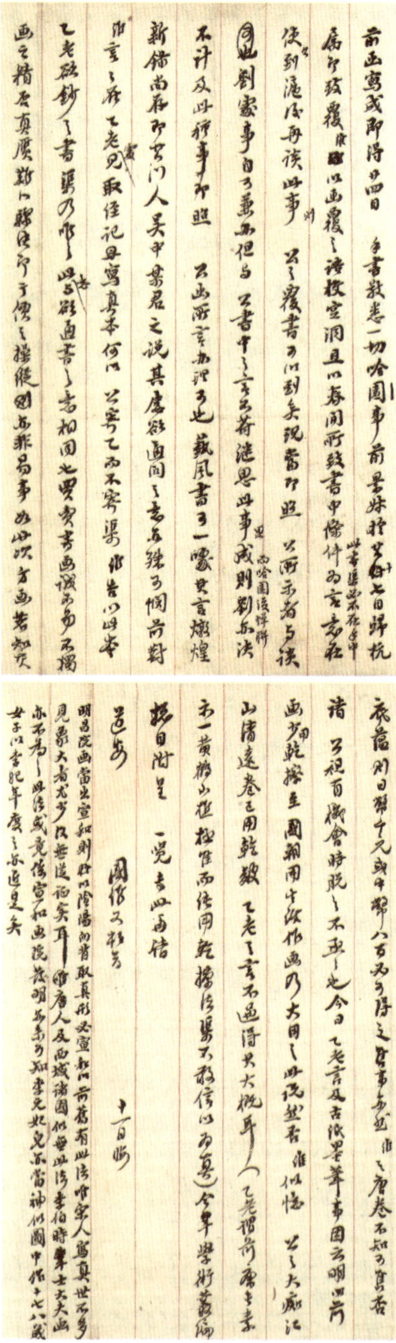

王国维致罗振玉信
一九一六年十二月二十四日

术方法，了解如此宏富的掌故与史实，放在今天学科藩篱越来越严重的高等教育中，这样全面而精深的文史修养实在是令人不可思议。

其实，我们不少人仅仅只是在阅读王国维与友人们往来的书信时就已经产生了疏离感和陌生感，这一方面是因为对文言表述的不熟悉，更多的则是对他们所探讨的文史问题的不了解。不过，这并不影响一般人感受他手札中的书法美学和日常琐事中的趣味。王国维的手札中，也有不少是写给长子王潜明的。可以看到，在这些信件中的王国维，自始至终都是一位慈父的面目，他关心爱子的工作、生活，儿媳的生产、恢复，孙女的病情以及对物价和时局的忧虑等等。细致、耐心、小心翼翼、情深义重，他像历史中和今日的父亲或家长，既享受家庭的天伦之乐，也无时无刻不面对时代的苛责和机遇。王国维碎片化的生活原状在信札中鲜活地呈现，不仅让我们见识到其生活的交际面之广，更能一窥其书信中所流淌的古朴清雅之文心。尤其是他与前辈时贤讨论学问的书信，从事研究者或许更会心有戚戚焉。这种大师的宏伟气象和他所敏锐地提出的问题，则需要我们进一步阐发和探索。

难怪有人曾指出，信札中所出现的这些风景，它们的美妙是留给那些愿意深入其间、亲身感受的有心人的。

注释

[1] 陈鸿祥著,《王国维年谱》，济南：齐鲁书社，1991 年版，20 页。

[2] 同注 [1]。

[3] 同注 [1]。

[4] 参见刘克苏著 :《失行孤雁——王国维别传》，北京：人民文学出版社，2002 年版，43 页。

[5] 王庆祥、萧立文校注,《罗振玉王国维往来书信》，北京：东方出版社，2000 年版，180 页。

[6] 同注 [5]，183—184 页。

[7] 同注 [5]，185 页。

[8] 同注 [5]，188 页。

[9] 同注 [5]，195 页。

[10] 参见郭沫若著,《中国古代社会研究》，北京:人民出版社，1954 年版，9 页。

[11] 参见《雪堂校刊群书叙录序》，1918 年。

[12] 参见祖艳馥、[西] 达西娅 · 维埃荷 - 罗斯编著,《史与物：中国学者与法国汉学家论学书札辑注》，北京：商务印书馆，2015 年版，24 页。

[13] 释文参照房鑫亮编校,《王国维书信日记》，杭州：浙江教育出版社，2015 年版，495 页。

“古雅”的味道

——王国维手札的笔墨意趣

李　凯

北魏
《华严经》写本
（局部）
纵二五厘米
横八一八厘米
故宫博物院

清末民初不仅出学者、思想家，而且造就了一大批艺术骄子。令人称奇的是，时代越是动荡困苦，这些佼佼者越是佳作频仍。独特的时代造就了独特的文化现象：想成为政治家，先得成为渊博的学者；想成为学者，先得有一手好字。从孩提开始，熟读经史典籍和深谙翰墨之法就捆绑在一起，前者是后者的知识基础与文化铺垫，后者是前者的自然流露与艺术载体，下笔方显学养修为之高下。有人说，从清末民初流传下来的诸文人的手札，就能看出他们的深功力、真性情，洵非虚语。

翰墨修养为立身

王国维作为一位文化巨匠，出生于归隐田园的旧式官僚知识分子家庭，家藏众多典籍与宋元明清诸家画卷，受到充分的精神濡养。他既有内美，又重修能，人品学问皆可谓高格。他治学范围广泛，涉及经史、文学、艺术、戏曲、考古、文字等学科，

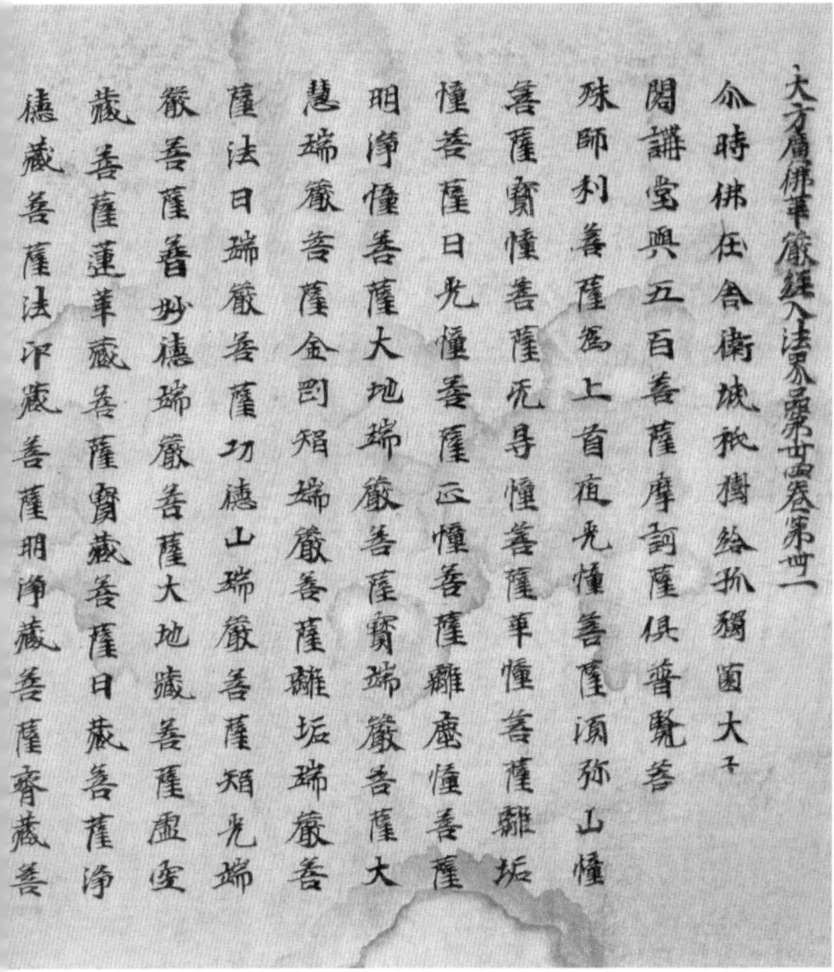

学贯中西，蜚声中外，百年间无人能出其右。

或为其盛名所淹，在今天所称道的晚清至民国的诸多书家中，王国维的书作并不多么突出。他的手札乃至书法作品之所以传世，更多是因为他是著名学者，并且当时一系列大事件与他都有所关联。

经过后人盘点，王国维传世的书作以手札居多，大小不过盈尺，字迹不过厘米大小，少见条幅、中堂等用于悬挂的墨宝。人们推测，也许王国维的大部分精力被读书治学所占据。这些大量存在的书稿、信件、便笺无暇特意挥毫，更无可能把书法当作生计，就像几千年来中国的传统文人一样，章句小楷只是作为立身的基本素质。

也许正是这种对书法的非功利性态度，才成就了他书法的独特魅力。他的墨迹非常优美，作书铿锵，结构章法严谨整饬，笔力地道，字字珠玑，毫不含糊。书法艺术上没有卖弄，少有雕琢，中规中矩，反映了作者比较真实的内心世界与审美爱好。其书法，从阅读的角度说，易于传达信息，从鉴赏的角度说，赏心悦目，绝不故作高深。说他的书法是典型的文人字，则非常确切。或者从另外一个角度理解，这些内容迥异于为创作而创作的墨迹，也不同于公文奏疏一类不要求作者个性、审美价值较低的文本，如果没有作者深厚的知识基础和深入的思考研究，没有他对中国文化的挚爱，一切都无从谈起。

近承庭训与师友

王国维的书艺，得益于两个重要的人物。一位是其父王乃誉。王乃誉曾在溧阳县当差，父死守孝，无意于世事，依靠祖上田产，以读书教子为乐。王国维孩提习书，幼承庭训，遍临汉魏晋唐古帖。在精通旧学的父亲王乃誉的严格督责下，王国维在学习私塾功课之外，对吟诗作对、翰墨丹青有了兴趣。王乃誉指导王国维学书，目的是为了科举，非是以书谋生。这是重视八股的时代特点使然，并不为怪，但即便是馆阁体，清末一批精通于此道的学者也能在枷锁里跳舞，把帖学玩得炉火纯青。王国维说其父“书学褚河南、米襄阳，四十以后专学董华亭”，事实上，褚、米、董诸多帖学法书的审美规范在此后数十载影响着王国维。王乃誉亦好搜罗钟鼎彝器，钟爱金石篆刻，这对王国维此后的学术发展有着一定的影响。

另一位是对王国维有着知遇之恩、又产生复杂恩怨的大学者罗振玉。罗振玉作为近代著名学

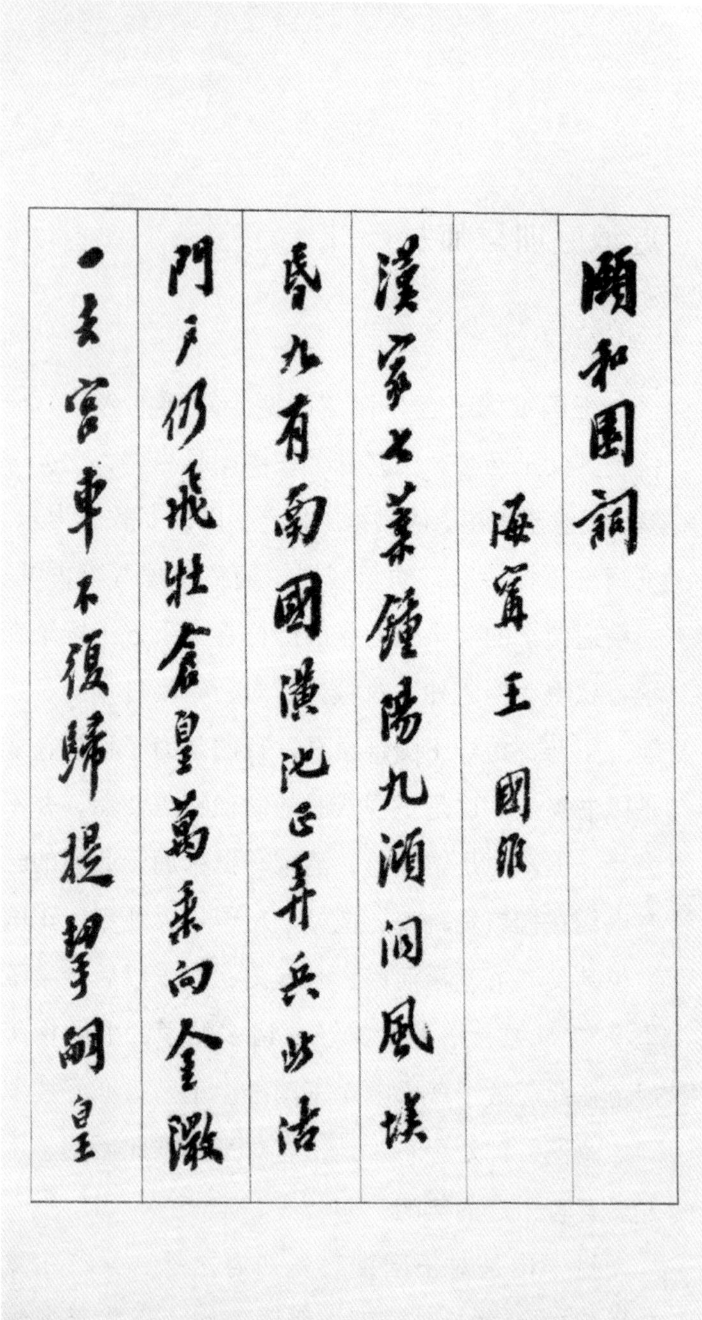

罗振玉　行书《颐和园词》（局部）

者，对科学、教育与中国旧学均有卓越贡献，与王国维并称“罗王”。罗振玉在甲午前后坚信学习西方，以农学为本，翻译日文著作，并在上海创立东文学社，教授日文。而王国维就是东文学社里的佼佼者，受到罗振玉的赏识。把罗、王书法进行比较，人们不难发现一系列共性：两个人都立足学术，手札居多，不拿书法作为立身之本，只是当作文化的载体；两个人作书一丝不苟，真草皆平和端庄，篇篇玉璋，甚至称得上笔笔有古帖的出处；两个人都在金石、古文字、古书契上有精深造诣，作为书家，又不炫耀金石之癖，不标新立异。

悠游于碑帖之间

在晚清时代，王国维信札中所体现出的书法气度，代表了一派从容自如于金石的“碑学”与写本的“帖学”之间的审美气象。清中叶以来，效法“二王”、崇尚写本的“帖学”由盛而衰，鼓吹三代钟

魏 钟繇
《贺捷表》拓本
（局部）

鼎彝器、汉魏碑刻的"碑学"风起云涌，到晚清，诸如吴昌硕、包世臣、康有为、沈曾植等诸多"碑学"大家层出不穷。"帖学"到晚清的确丧失了"二王"的神韵，千人一面，流于俗气，"碑学"的兴起有着纠偏的作用。但这两派本身并无善恶可言，它们属于不同的审美范畴。"帖学"追求的是一种飘逸之美、潇洒之美、妍媚之美，属于"优美"风格；"碑学"追求的是一种遒劲之美、刀削斧锯之美、险峻方整之美，属于"壮美"风格。像康有为等学者把两者的矛盾推向了极致，认为"帖学"的技巧一钱不值，无疑矫枉过正，且带有门户成见。

王国维、罗振玉的志趣与之大不相同。一方面，他们开创了"罗王之学"，利用20世纪初大量涌现的甲骨、金文、竹简、石刻等丰富的地下资料，以地下之学问与纸上之材料相印证，代表了一个时代学术的新潮流，在金石方面的造诣超出了当时以钟鼎石刻为个人乐趣的时贤。

另一方面，他们没有像康有为等人那样，在审美世界中把金石放置在写本之上，他们看到了晋唐以来"帖学"中的合理因素。这些因素仍旧

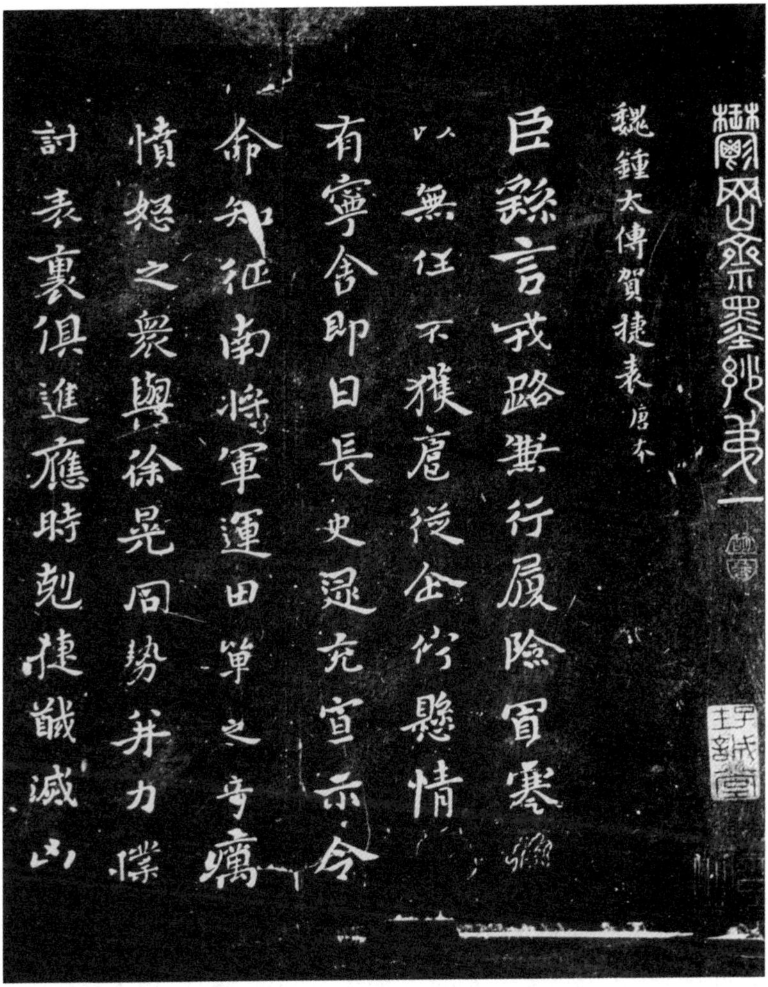

在中国士大夫的审美观念中占有非常重要的位置，不仅是书写灵便、利于阅读，而且“秀逸摇曳、含蓄潇洒”的审美观念是书家心声的流露。晋、唐、宋、元诸家不管是神韵、法度、意境还是姿态，这些深刻的书法美学概念在古代也在当下影响着

人们的审美。“帖学”作为一个在中国文化史上存在一千余年的艺术派别，是不可取代的。

值得琢磨的是，今传世作品中，王国维临摹古代钟鼎篆籀的作品极少，不仅和吴大澂、吴昌硕等人不能同日而语，也大大少于罗振玉，这在一定意义上反映出王国维的审美诉求：金石不能取代写本。

王国维的手札中，最为常见的行楷明显从锺繇、“二王”中走来，浑然天成，毫不做作，信手写来，即便是草稿中的涂抹、改动也恰如其分。这可以理解成书家后天修炼而成。其手札笔笔有据，落笔实在，行列整饬，笔画、字距和谐精致，带有唐楷的“法”；章法娴熟，结字灵动通透，令人回味悠长，符合宋人的“意”。不用说他用极大心力完成的《观堂集林》《人间词话》等名作的手稿，就是刚年过百半时写下的“五十之年，只欠一死，经此事变，义无再辱”的遗书，也是铿锵有力，从容不惊。纤微之间，气象万千，使得一篇篇生活便笺或学术论文兼具了极高的书法美学价值。

诠释"古雅"新意境

从中国书法的实际内容去思考，诸如文人手札一类的墨迹，并非为艺术而作，也非如何卓尔不群的书手完成，仅是在较为实用的书写目的中，展现了作者的学养与个性。王国维著名的《人间词话》手稿，基本用行楷完成，唐宋人的笔性十足，一笔一画认真写就，全部字体略向右上取斜势，抑扬顿挫。

因为是一部书稿，少不了圈点批注，但是修改和批注也非常规范。如"大家之作，其言情也必沁人心脾，其写景也必豁人耳目。其辞脱口而出，无矫揉妆束之态。以其所见者真、所知者深也。诗词皆然。持此以衡古今之作者，可无大误也"一则，"沁人心脾"本作"入人肺腑"，"所见者真"本作"所见者深"，皆在原字右边小心写出，"其辞脱口而出"，在"豁人耳目"后用增字符号小心补入，可知作者估量着字距，其持重可见一斑。这一类手札堪称学术价值与艺术价值俱佳之品，正如王国维所

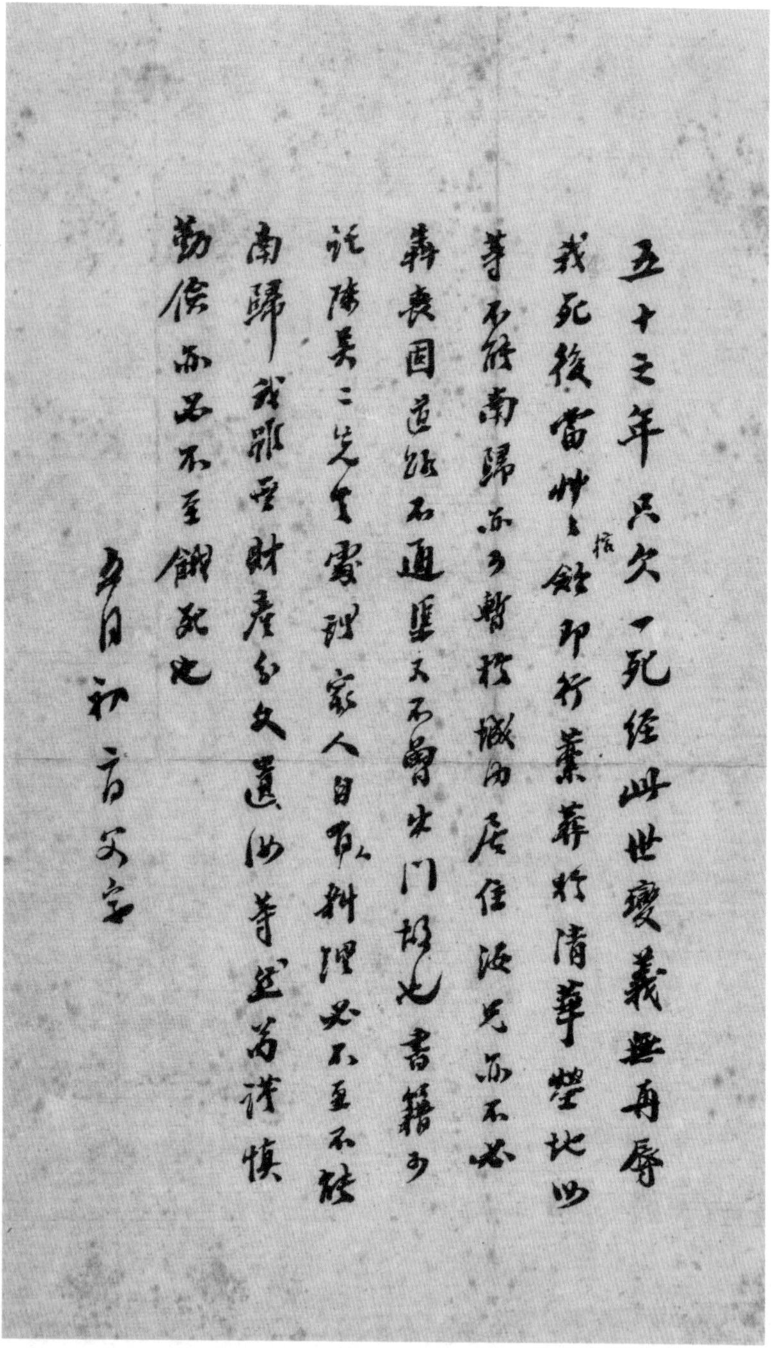

五十之年只欠一死經此世變義無再辱
我死後當草草棺殮即行藁葬於清華塋地汝
等不能南歸亦可暫於城內居住汝兄亦不必
奔喪因道路不通渠又不曾出門故也書籍可
託陳吳二先生處理家人自有人料理必不至不能
南歸我雖無財產分文遺汝等然苟謹慎
勤儉亦必不至餓死也
五月初二日父字

说“苟其人格诚高，学问诚博，则虽无艺术上之天才者，其制作亦不失为古雅”。

王国维受西方学术影响甚重，以他为代表的清末民初相当一批学人，不仅传播西方学说，而且试图把中西学术进行比较。康德、叔本华、尼采对王国维的知识结构产生重要影响，这些话语和思维，成为王国维诠释中国旧学的依据，王国维也正是在此时提出了“古雅”的概念。今天来看，虽其中难免机械比附、穿凿附会，我们也不应苛责王国维。

他的“古雅”说是基于经验，认为“古雅”可以凭借后天努力达到,并非单纯的“自运则劣”“摹古则优”。书法艺术与生活如此贴近，人人皆可习得，但又表现出浓郁的艺术气息。如王国维给儿子的临终遗书，全文以优雅的小行书字写出，字字精湛，宋人的笔意甚重，仅有一两处游丝引带与添字。竖成行，横有错落，全无潦草的痕迹，这仿佛就是寻常父亲叮嘱儿子的家书。他没有畏惧，也没有犹豫，只有冷静。越是冷静，越能表现出王国维选择这样的方式结束生命是反复斟酌的结果，是他命运与认识使然，这样的家书此时无疑成了厚重的艺术品。古人的艺术手段经过王国维的应用，产生了新的意境，可见“古雅”的味道何其有感染力。

正是丰富的人生阅历、深邃的知识结构让作者的书迹豁人耳目、沁人心脾，一方面庄严厚重，有前人的文化支撑，一方面清新自然，无世俗的偃蹇矫情。此中情趣，正是几千年来沉淀在文人血脉中的书卷气，表现在王国维的尺牍笺札中，便是一种书风上的中正平和与意态上的雍容典雅，而隐藏在笔墨之下的则是王国维广博深厚的文化积淀与宽广的文士情怀。

王国维的金石观

谷　卿

取证金石以别开生面

王国维于昆明湖自沉离世之时，周岁尚不满五十。在他短暂的生命旅程和学术生涯中，虽然研究重心与学术兴趣几经转移[1]，但成果丰硕厚重，影响亦极深远，其中一个重要原因就是他具有相当敏锐的史家眼光和强烈的“预流”意识，兼善自察自省，随时调整短期目标。1914 年夏，在回复前辈学者沈曾植的一封信中，王国维谈到自己近岁的研究状况和计划：

国维于吾国学术，从事稍晚。往者十年之力耗于西方哲学，虚往实归，殆无此语。然因此颇知西人数千年思索之结果，与我国三千年前圣贤之说大略相同，由是扫除空想，求诸平实。近因蕴公于商周文字发见至多，因此得多见三代材料，遂拟根据遗物以研究古代之文化、制度、风俗，旁及国土、姓氏，颇与汉人所解六艺不能尽同。此后岁月，拟委于此。至西域之事，葱岭以东诸国，力或尚能

及之；自是以西，则恐不逮。然甚冀先生出其蕴蓄，指示涂术，虽不能负荷，或能作传火之薪亦未可知。[2]

这段陈述值得留意，从中能够看到王国维由西方哲学转向中国古史研究的时间和动机。罗振玉（蕴公）在此际对他起到不小的影响，他们借助“商周文字”“三代材料”和“遗物”来推究上古史事与文化，发明了诸多超越旧说的新见。同时，王国维治学又有明确的边界意识，对于葱岭（亦即中国“西域”和中亚的分界）以西的历史地理，自谓“则恐不逮”，并希望沈曾植能有以指教。

信中所谓“商周文字”“三代材料”和“遗物”，当然是指甲骨、铜器、石鼓等刻铸有早期文字的物质资料及其拓本，它们都是广义上的“金石”[3]。以金石材料考史证史，且每有新获，这让王国维兴奋非常。他在向学界同人介绍自己的著述时，屡屡言及研究方法：

顷多阅金文，悟古代宫室之制。现草《明堂寝庙通考》一书，拟分三卷：己说为第一卷。次驳古人说一卷。次图一卷。此书全根据金文、龟卜文，而以经证之，无乎不合。[4]（1913年5月13日致缪荃孙）

近年治礼，旁及古文字，拟着手三代制度之研究。一月前成《明堂庙寝通考》一书，全与旧说不合，唯阮文达《明堂图考》之说略似之。维更从吉金文字之证据，通之于宗庙、路寝、燕寝，并视为古宫室之通制。然金文中尚有反对之证据，故其

一中一部分不能视为定说耳。[5]（1913年6月27日致铃木虎雄）

“金文”“龟卜”等对于王国维来说，最大的作用是能够帮助其研究三代制度。在他看来，其“有益于释经，固不下木简之有益于史也”。[6]王国维根据它们提供的信息订正了不少旧说的谬误，但也在重建新说的过程中碰见不少“反对之证据”，因此“己说”尚不能确定为“定说”，足见王国维对这些材料的重视和立论的审慎。[7]

金石学兴于赵宋，在此之前，仅仅类似博古高明之士所独家掌握的机密（Secret knowledge）。相对于汉儒以传注为中心的解经之法，中唐以迄宋代的“经学变古”思潮可谓做到了推陈而出新。经典文献从此不再“经典”，附着在经典之上的历史也面临质疑和重估，考实史事又需要新的证据和资源，金石之学遂渐勃兴，金石也在观念上从早期的祥瑞、玩好之物，转成助益经史研究的学术材料。王国维所言“颇与汉人所解六艺不能尽同”，正说明金石学的生命力和价值所在。

石鼓文范氏天一閣所藏北宋拓本不可復見矣金元間拓本存字已校今本無多余見宗室沈庵侍郎所藏一本乙鼓氐鮮鱮又之字五字丙鼓衍字未泐乙鼓汧殹鰋鯉四字明達与今本異耳此拓乙鼓五字未損而丁鼓衍字已泐蓋見上虞羅氏藏本有明季朱卧庵之赤藏印者正与此同是明拓本也石鼓文字縝密斠扁在古文中別為一體古器物銘中与此體勢相似者惟合肥劉氏所藏虢季子白槃与新出之秦公敦耳虢槃出岐山縣礼邨乃西虢之器班書地理志所謂西虢在雍者也秦公敦有十有二公語亦德公都雍以後所作与石鼓為一地之器故文字體勢略同余謂石鼓當亦虢公所作文中兩見鄜字疑雍之古文其字从邑鄜聲鄜字雖不可識然其所从之男字則古勇字也戊鼓云□□自鄜是鄜為地名之證又壬鼓云公謂大□此又虢公所作之證也是時宗周以西虢為大國天子漁獵於其境故作石鼓以紀其事周既東遷小虢遂為秦滅然秦人文字尚沿用之故秦公敦中文字甚似鼓文而詛楚文及近出之秦新郪虎符均以殹為也字以与石鼓以殹為池字正同故古文中體勢与小篆最近者惟石鼓及虢秦諸器以其淵源相同故波瀾莫二也箋釋石鼓者古今無慮數十家近惟羅叔言參事石鼓文考釋最為精審其釋戊鼓西字壬鼓是字即用余說然其書於解字為詳釋義為略如甲鼓我敺其時我敺其樸案說文特字注云朴特牛父也蓋朴特皆壯牛此引申為凡壯之稱我敺其時即我敺其特也我敺其樸即我敺其朴皆謂壯獸也丁鼓桼敕之敕鍪字以之為聲而經傳字書皆未見案周礼巾車駹車雚蔽然榠髹飾注故書髹為軟杜子春讀為桼垸之桼鼓中上云鑾車下云桼敕正是車飾周礼故書軟字當即此字之變也己鼓亞箬其華即猗儺沃若之轉語亦云沃若衛風云桑之未落其葉沃若猶小雅云隰桑有阿其葉有儺也此鼓云亞箬其華猶檜風云猗儺其華也小雅云六轡沃若亦言轡之柔也此亞箬切為阿儺之轉語矣三者皆前人所未言羅君釋亞箬用余說而不詳故附記于此壬戌正月三日為

叔通先生題

海甯王國維

王国维十分推崇宋人的金石学成就，甚至认为“虽谓金石学为有宋一代之学，无不可也”[8]。这首先是因为他觉察到宋人于金石搜集、传拓、著录、考订、应用各方面“无不用力”[9]，成就卓著；另外，由学术史的发展脉络着眼，王国维看到金石学在两宋以后命运衰微，虽于清代复兴，然不过宋人途辙而已。研究过程中，王国维还发现宋人有关金石的许多看法可谓不刊之论，难以更易，“知宋代古器之学，其说虽疏，其识则不可及也”[10]。王国维坚定维护宋代金石学的地位，当是有所针对。他在《宋代金文著录表序》中提到：

乾嘉以后，古文之学复兴，辄鄙薄宋人之书，以为不屑道。窃谓《考古》《博古》二图，摹写形制，考订名物，用力颇巨，所得亦多，乃至出土之地，藏器之家，苟有所知，无不毕记，后世著录家当奉为准则。至于考释文字，宋人亦有凿空之功，国朝阮、吴诸家不能出其范围。若其穿凿纰缪，诚若有可讥者，然亦国朝诸老之所不能免也。[11]

这类说法数见于王国维各类文字之中。他清楚地看到“国朝”金石学与金石学家之弊：

> 《筠清》出龚定庵手，尤为荒谬。许印林稍切实，亦无甚发明。最后得吴清卿乃为独绝，惜为一官所累，未能竟其学。然此数十年来，学问家之聪明才气未有大于彼者，不当以学之成否、著书之多寡论也。[12]

王国维的这些分析、判断、比较、论述和反思，已可视为现代学术范式中的“研究综述”。这既是他研究金石学的结果，也是其“拟专治三代之学”的重要基础和前提。

文献、小学、器物相互参证之法

《观堂集林》是王国维最为重要的文集，1923年初刊二十卷，后增入补编内容，较原刊多出四卷，所收文字别为《艺林》《史林》《缀林》三种。[13]王国维于1921年亲自校订了这部著作，文稿选用标准相当严苛。在《王静安先生年谱》中，观堂门人赵万里记道：

先生之辑《集林》也，去取至严，凡一切酬应之作，及少作之无关弘旨者，悉淘去不存。[14]

《观堂集林》的刊刻者蒋汝藻亦在前序指出，此书是王国维“删繁挹华”[15]而成，集中呈现了他十余年间的学术关怀和研究成果。

以吉金（铜器）为例而言，泛论某类器物、辨考其名实的文章，多收入《艺林》，有关具体某器的题跋，则收入《史林》。如《艺林》卷三有《说斝》《说觥》《说彝》等，皆由器物命名和文字来源等，述论其形制、功能的异同，兼订旧说。在《说斝》的开篇，王国维即引罗振玉说，指出《说文》释“斝”的疏谬之处，将“斝”与“爵”加以分辨，又据《韩诗》说诸饮器有“散”无“斝”、传世古酒器有“斝”无“散”之情况，展开有关“斝”与

“散”的讨论，最终认定“诸经中“散”字疑皆“䎳”字之讹。[16] 文中所列五条证据，不仅有传世文献，也有实物（端方所藏斯禁上所摆器物），相互比照，乃能“以小学上之所得”“证之古制而悉合”[17]。至于《说盉》一文，论述更为精彩，王国维提到欧阳修《集古录》中著录有一件自名为“盉”的器物，但早期文献中并无此物，也无此名；《说文》提及“盉”仅云“调味也”，至于如何调味，则语付阙如。

王国维仍据端方所藏斯禁陈器，结合《仪礼》的记述，给出“盉者，盖和水于酒之器，所以节酒之厚薄者也”的答案，由此证明“献酌之礼”中“卒爵”（爵中酒须尽饮）的可行性，同时否定了郑玄等认为礼仪中虚设玄酒（水）是为“不忘古”的说法。[18]

《艺林》中讨论器物的文章，大致可认为属于名物学研究范围，多由名称、字义考察入手，展开研讨。文字是《艺林》最为关注的重心，[19]因此，有关铭文最多的铜器毛公鼎之讨论，也置诸《艺林》集中。[20]在《毛公鼎考释序》里，王国维表达了三重看法：其一，三代重器之中，属毛公鼎铭文最多。陈介祺最早得到此鼎，所拓铭文流传开来，学者竞相考订，自吴大澂之后，十之八九已经得到可靠解读。其二，自周初至秦汉再到当代，数千年间文字的变化脉络难以尽寻。古文中假借用字的情况也有很多，因此古器铭文有不少是难以训诂的，不可强作解释，如果不去承认和面对这个现实，便难免穿凿附会，然则因噎废食、就此放弃应该进行的研究和考订，亦属不妥。其三，古器铭文本是当时通行的文从字顺之作，今人难以释读，是因为不理解史事、制度和时代情状。如能从《诗》《书》等文献中考察“其文之义例”，通过音韵学通“其义之假借”，用器物铭文验证“其文字之变化”“由此而之彼，即甲以推乙，则于字之不可释、义之不可通者，必间有获焉”[21]。王国维实际是从方法论的角度，明确提出和论述了孙诒让、吴大澂等学者的金石学研究理路，认为他们“大都本此方法，惟用之有疏密”。这个“方法”就是综合利用文献、史料、器物，互相参证印对，以将未解、未识的字句释读出来。在此，王国维虽仍将辨识文字作为研究的目的，但相比《艺林》中的大部分文章而言，《毛公鼎考释序》已显露出博物学的色彩[22]。

名物古器考辨的链接与转换

上文已经谈到，《艺林》中的金石研讨当为名物学之属，关注的焦点集中在亟待考察和解析的“物”及其名称，而《史林》中的金石题跋，则以具体的“物”为话引，由此生发衍展，对与之相关的各类知识加以讨论。[23] 如《秦公敦跋》云：

右秦公敦，出甘肃秦州，今藏合肥张氏。器盖完具，铭辞分刻器盖，语相衔接，与编钟之铭分刻数钟者，同为敦中所仅见，其辞亦与刘原父所藏秦盄和钟大半相同。盖一时所铸，字迹雅近石鼓文。金文中与石鼓相似者，惟虢季子白盘及此敦耳。虢盘出今凤翔府郿县礼村，乃西虢之物，班书《地理志》所谓西虢在雍者也。此敦虽出甘肃，然其叙秦之先世曰十有二公，亦与秦盄和钟同，虽年代之说，欧、赵以下人各不同，要必在德公徙雍以后。雍与西虢壤土相接，其西去陈仓亦不甚远，故其文字体势，与宝盘猎碣血脉相通，无足异也。此敦器盖又各有秦汉间凿字一行，器云卤元器一斗七升八，奉敦盖云卤一斗七升太半升。盖卤者汉陇西县名，即《史记·秦本纪》之西垂及西犬邱。秦自非子至文公，陵庙皆在西垂。此敦之作，虽在徙雍以后，然实以奉西垂陵庙，直至秦汉犹为西县官物，乃凿款于其上，犹齐国差甔，上有大官十斗一钧三斤刻款，亦

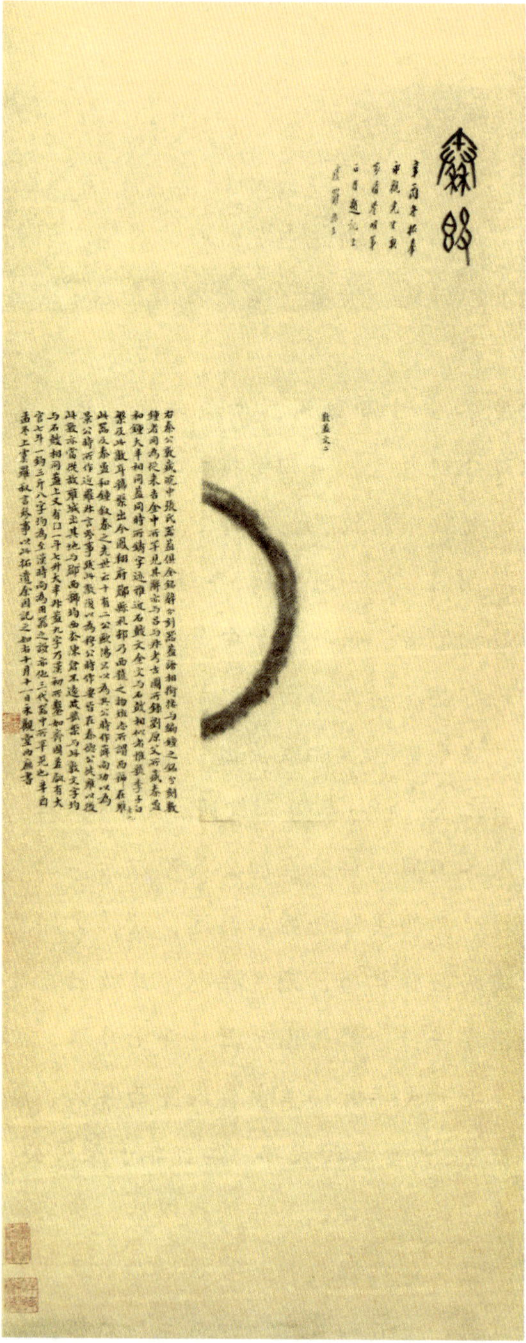

罗振玉、王国维题跋秦公簋铭文拓本

秦汉间尚为用器之证也。故此敦文字之近石鼓，得以其作于徙雍以后解之；其出于秦州，得以其为西垂陵庙器解之。（观堂自注：汉西县故址在今秦州东南百廿里）癸亥八月。[24]

秦公敦（今作秦公簋）于 1919 年间偶然出土，后归甘肃督军张广建所有。王国维见到此物后即行研究，成《秦公敦跋》[25]。新见罗振玉赠王国维秦公敦盖（秦汉凿字部分）拓本[26]，其上王国维手书长跋与上引文字内容基本相同，落款年月则为“辛酉孟冬”。也就是说，王国维至迟在 1921 年就已经取得秦公敦研究的初步成果。

《秦公敦跋》是王国维的一份相当有代表性的题跋作品，涉及的问题很多。跋文并未囿于该器的名称和形制，而是以与之有关的每个关键信息为媒介，联系相关器物和问题加以综合辨析推论。王国维首先提到，秦公敦器盖分刻不同铭辞，与一般器盖同铭的铜器有异，却近乎编钟铭刻方式，辞与盄和钟（即秦公钟）类同，书风则近于石鼓文，由此则从铭文内容、刻铸形式和字迹风格三个方面，大

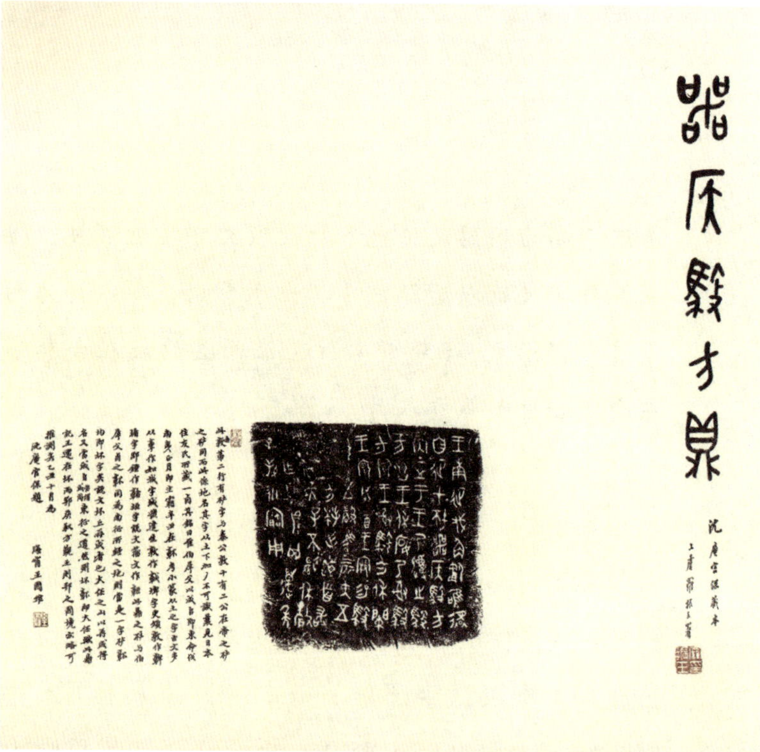

致圈定秦公敦的制作时间，接后复以与该敦书风类似的虢季子白盘引出地理话题，佐证制敦时间，将上限划定在德公迁雍史事，又据其上秦汉凿字“卤元器”论定此敦直至彼时仍为西县官物，用作容器。

面对金石古器，王国维并不孤立地加以审视。这首先表现在知识与话题的转换上，由物到史，由文字到艺术，皆能涉及；其次则体现为由此物及彼物的“链接”功夫。《秦公敦跋》短短四百余字，除“主角”之外，还论及盄和钟、虢季子白盘、石鼓文和国差甔等，为各器之间建立起某种近似基础的联系。更重要的是，有关秦公敦及所涉问题的研讨，并未完全终结于该跋之中，在研究其他器物和问题之际，一旦发觉与秦公敦有关的信息和话题，王国维又会重建关联、回顾省思。比如在《秦都邑考》中论西垂与西犬邱本一地[27]，在《噩侯驭方鼎跋》中论鼎铭中与秦公敦铭中相同某字系地名[28]，与罗振玉讨论沇儿钟、攻吴王盘等出土地而得出“古器有转移之事，不得尽据以考据地理”[29]的判断等等，均可视为《秦公敦跋》所论内容之“互文”和补充。

兼顾金石之真与金石之美

1916 年 2 月，王国维自日本京都回国，至上海哈同花园任职，与邹安分别担任《学术丛编》和《艺术丛编》两种刊物的编辑主任。《学术丛编》前附条例中，写明刊物宗旨在于“研究古代经籍奥

王国维与邹安（左）姬觉弥（中）在哈同花园

义，及礼制本末、文字源流，以期明上古之文化，解经典之奥义，发扬古学，沾溉艺林”[30]。《艺术丛编》则谓专以“发明国粹，动人观念，使人知保存古物，多识古字，多明古礼制、古工艺为宗旨”[31]。“学术”以期“沾溉艺林”，“艺术”乃望“发明国粹”，足见二刊“相辅”[32]之义。罗振玉应邀为《艺术丛编》撰写序言，称艺术并非为娱人耳目，其重要性在于和“三古以来之制度、文物”的密切关系，同时又可作为“学者游艺之助”“以考见古人伎巧之美、制作之精”[33]。他对金石古物之美的敏感和珍视，与王国维一贯相契。

作为首位在学术研究中大量用及“美术”概念的中国学者[34]，和那些埋首经史、无暇旁顾的同人及前辈相比，王国维具备更多欣赏、理解、论析和阐述美的能力，对金石尤是如此。他讨论宋代金石学的成就，特别注目和倾心于宋人“对古金石之兴味”，认为宋人能够欣赏金石之美，并且悠游其间，至为难得，而这又当得益于宋人相当全面和丰厚的艺术素养，此绝非后代学者所能望及项背：

金石之学创自宋代，不及百年已达完成之域。原其进步所以如是速者，缘宋自仁宗以后，海内无事，士大夫政事之暇，得以肆力学问。其时哲学、科学、史学、美术，各有相当之进步，士大夫亦各有相当之素养。赏鉴之趣味与研究之趣味，思古之情与求新之念，互相错综。此种精神于当时之代表人物苏轼、沈括、黄庭坚、黄伯思诸人著述中，在在可以遇之，其对古金石之兴味，亦如其对书画之兴味，一面赏鉴的，一面研究的也。汉唐元明时人之于古器物，绝不能有宋人之兴味，故宋人于金石书画之学，乃陵跨百代。近世金石之学复兴，然于著录考订，皆本宋人成法，而于宋人多方面之兴味，反有所不逮。[35]

清代前中期的金石学者，大多只关心带有文字的器物和刻石，因为这些属于能够佐治经史的材料[36]。在乾隆朝以前，很少有像黄易那样大量搜求画像、石刻者[37]。这个身兼官员、学者和书画家多重身份的金石痴迷者，还以搜访碑石作为主题，创作了大量与日志、游记相配合的“访碑图”，因使金石搜集和研究更具开放性和艺术性。清季西学东传，因同时受到现代学科观念的影响，学者逐渐发现金石物质之美感，亦转能品赏无字辞刻画的金石器物。正是在这样的背景下，王国维对宋人的金石学和金石文化力加肯定和赞誉，强调金石的研究和赏鉴如其两翼，不可偏废。如他在和马衡研讨古代尺度的问题时，面对“绘画、雕刻、颜色均精绝”的唐尺，亦不免为之沉醉，乃托人“先摹长短，再影其花纹”，以便摹造。[38] 至于研究意欲“求新”，赏鉴则执着于“思古”，这种探求“真”和“美”的兴味，也被王国维所切实感受到，他称“此时之快乐，决非南面王之所能易也”[39]。在生性忧郁的王国维眼中，生活的本质即是“欲”，“欲”得不到满足是为常态，这是苦痛；而“欲”又天然是“无

日本內藤博士虎次郎壯游赤縣自齊魯南來訪余海上出贈唐寫古文尚書
景本賦此道故復將泝江西行道漢皋北上賦詩誌謝并送其行

安期先生來何許赤松洪厓為伴侶蹴踏鹿盧龍與虎西來長揖八神主翩然
游戲始齊魯登涉泰山覩梁父摩挲秦碑溯三五上有無懷所封土七十二王
魂魄古橫厲泗水拜尼甫千年禮器今在否雷洗觴觚爵鹿俎豆籩鐘磬
瑟琴鼓何所當年矍相圃南下彭城躋梁楚飆輪直抵黃歇浦迴車陋
巷叩蓬戶袖中一卷大如股尚書源出晉祕府開元改字笑莽鹵謄以玉篇世
三部初唐書跡鳳鸞翥飛玉案金刀那足數何以報之愧鄭紵送君西行極
漢滸游目洞庭見娥女北轅易水贍且灉因氏之國因殷土商侯治河此晉宇
灑沈澹災功微禹王亥馴作殷高祖服牛千載德施普擊牀何忽逢牧豎河

厌”的，一“欲”得偿，更有千万“欲”待偿，所以终极的慰藉始终难以得到；即使所有欲望都得到满足，又会生起厌倦之情，“故人生者，如钟表之摆，实往复于苦痛与倦厌之间”[40]，唯有“快乐”能除去此二者。王国维寻求“快乐”之法，就是在沉浸于研究赏鉴的“真”境和“美”境之中，“使人易忘物我之关系”[41]，以获此无上之享受。

金石之于王国维，不仅是冰冷的材料和严肃的知识，更是一种值得欣赏、体味和品鉴的美术品。实物自不待言，即摹本和拓本，也具备相当的审美价值。王国维同时还乐意赋予它们以新的美感形式和美学意义，他常应请在扇面上临写殷周器物铭文和汉碑文字，而与友朋通信所用之信笺，亦有不少金石主题的特制品类，如他致信沈曾植使用过西夏文铜官印笺，致信罗振玉使用过阳陵虎符笺，致信马衡使用过雪堂摹圆足币文笺和山左齐字砖文笺等。他甚至参与过金石拓本题跋和装裱的设计。他曾告知徐乃昌：

此拓（秦公敦拓本）付装时，文字必作三层

分列，全形拓本之上方已不能容。若分装两幅，以文字为一幅，器形为一幅，则器之上方正可题字，然此装法却不甚合宜。最好付装后再题，则器形之下，尽有题字之余地也。[42]

可见，对于一件金石拓本如何以经过装潢后的美术品形式呈现，王国维有着明确的预设方案。他的题跋也不仅仅是为了表达学术观点，更兼顾其与拓本之间在视觉方面的良性互动。

“古雅”之物的美术鉴赏

其实早在20世纪之初，王国维有关“美”的讨论就已涉及金石。他认为，有一类“古雅”之物，既非纯粹的美术品，又不能完全归于利用品，且其制作之人并非天才或精英，但在他人看来“若与天才所制作之美术无异”，金石书画古籍等等，无疑就属于这类“古雅”之物：

三代之钟鼎、秦汉之摹印、汉魏六朝唐宋之碑帖、宋元之书籍等，其美之大部实存于第二形式。吾人爱石刻不如爱真迹，又其于石刻中爱翻刻不如爱原刻，亦以此也。凡吾人所加于雕刻书画之品评，曰神、曰韵、曰气、曰味，皆就第二形式言之者多，而就第一形式言之者少。文学亦然，古雅之价值大抵存于第二形式……由是观之，则古雅之原质，为优美及宏壮中不可缺之原质，且得离优美宏壮而有独立之价值，则固一不可诬之事实也。[43]

王国维认为，对自然之“优美”和“宏壮”的判断是先天的，对人工之“古雅”的判断则需要后天培养，因此，“古雅”的艺术高度不及作为第一形式的“优美”和“宏壮”，但仍有其“独立之价值”。王国维在此已经注意到“美”纯粹为一种形式，“一切之美，皆形式之美”[44]，而金石书画等在纯形式之外尚以物质（以及具有历史意涵的文字）为附着或呈现，故若将之纳入到现代意义上的“美术”范畴之中，势必要剥离它们之赖以存在的条件。如何解决这个问题，王国维并没有给出答案，他在这篇

此器首一字从田从卯，即留字也。說文分别卯丣二字，然甲骨及金石刻丣字皆如篆文，無作丣者。說文从丣之字，古文皆从卯，如散盤及石鼓柳字皆从卯是也。虞仲翔譏鄭康成卯丣不分，但據說文爲說，以古金石文言之，康成正未可非也。 伯隅文文章里甚至无意识地显现出传统中国艺文与西方美术概念的方枘圆凿。

研究和赏鉴金石对王国维而言都是非常重要的事，他却并不因此专力加以购藏，这固是因为罗振玉藏品已极丰富，足以支持和满足王国维的观摩与考究。在向缪荃孙介绍写作《金文著录表》的情况时，王国维自信地说道：

近时收藏金文拓本之富，无过于盛伯羲之《郁华阁金文》，而蕴公二十年所搜罗固已过之。前年盛氏拓本亦归其所有，故其全数除复出外尚有千数百器。虽世间古物不止于此，然大略可得十之六七。故此次所作《表》，谓之金文之全目录，亦略近之。[45]

王国维与罗振玉关系亲密，不但志趣相合，有师友之谊，且后来结成为儿女亲家。据马衡记述，王国维自戊戌（1898）年后，和罗振玉几乎形影相随，“从来没有离开过”[46]。对罗振玉的藏品，王国维都非常熟悉。今存上海博物馆之《雪堂藏器拓本》四册八十九开，前有王国维题跋即云“此册中诸器皆为余曾所摩挲者”，可窥罗、王金石鉴藏之一斑。

王国维没有购藏金石的需要，当然也没有购藏金石的能力。他一贯拮据，幸得罗振玉长期资助，一家人的生活才有所保障。在与罗振玉和其他友人的通信中，常见王国维有“某物价昂”“不免贵矣”“暂置之可也”“索价骇人”“未必有人要”“俟将来再商之”之类的说法和慨叹[47]。在收到徐乃昌赠其所藏古器拓本之后，复信致谢云，足知其箧笥之中实在并不丰赡：

赏鉴之精，为今日藏家之最，钦佩无似。近数年思集金文拓本，所得无多，一旦得此多珍，遂如贫儿暴富，何幸如之。[48]

邹安在哈同花园中主持《艺术丛编》，每期按金石、书画等门影照诸家藏品刊布，其作为金石学者和鉴藏家认为，应付给藏品主人报酬若干。王国维和罗振玉的态度则是“乐于流通，志不在酬报”[49]，这其实也和王国维认为美术应当与功利完全无涉的观点一致，进一步言，即美感当同道德相系相契。在讨论美学中第二形式“古雅”时，王国维即称：

艺术中古雅之部分，不必尽俟天才，而亦得以人力致之。苟其人格诚高，学问诚博，则虽无艺术上之天才者，其制作亦不失为古雅。[50]

三代秦汉的金石碑版，自然难考其作者是否“人格诚高，学问诚博”，但对当代治金石印篆者的整体考察，则难以令王国维满意。他借给罗福颐仿古玺印谱撰写序言之际批评时人：

鄙薄文、何，乃不宗秦汉而摹魏晋以后镵凿之迹。其中本枵然无有，而苟且鄙倍骄吝之意乃充塞于刀笔间，其去艺术远矣。[51]

一艺之微足以让王国维感到焦虑和不安，原因在其反映出道德与风俗的盛衰之变，但好在尚有

“不为风俗所转”如罗福颐者，王国维欣赏他“于世之所谓高名厚利未尝知”“世人虚憍鄙倍之作未尝见”“泽于古也至深，而于今也若遗”[52]，正是赞许他与世俗功利的疏离——而这些评语，又足以让人想到他在《人间词话》中对“赤子”李后主的种种称誉和顶礼。

注释

[1] 据马衡所述，王国维“研究学问，常常循环地更换”。他（王国维）说：“研究一样东西，等到感觉沉闷的时候，就应该暂时搁开，做别样工作，等到过一些时，再拿起来去做，那时就可以得到新见解、新发明。否则单调的往一条路上走去，就会钻进牛角尖里去，永远钻不出来的。”见马思猛辑注：《王国维与马衡往来书信》，生活·读书·新知三联书店，2017年版，236页。陈寅恪对此的评价则是：“足以转移一时之风气，而示来者以轨则。”见《王静安先生遗书序》，载《王国维遗书》第一册，上海古籍书店1983年影印商务印书馆1940年版。

[2] 房鑫亮编校：《王国维书信日记》，杭州：浙江教育出版社，2015年版，62页。

[3] 马衡考虑到近世出土古器物种类日益繁多，因对“金石”重新加以定义，认为“往古人类之遗文，或一切有意识之作品，赖金石或其他物质以直接流传至于今日者”，皆可称为“金石”。见《凡将斋金石丛稿》，中华书局1977年版，1页。可见若不加以限定，“金石”将是一个意义边界十分模糊的概念和称谓。

[4] 同注[2]，48页。

[5] 同注[2]，60页。

[6] 王国维认为,甲骨金文的重要性与木简相当,而木简(《流沙坠简》)“关系汉代史事极大，并现存之汉碑数十通亦不足以比之”。详参《王国维书信日记》，50页。

[7] 罗振玉对金文的使用，也持较为谨慎的态度，他在题跋中指出：“金文别字极多，与后世碑版同，不可尽据为典要。”见罗振玉撰述，萧文立编校:《雪堂类稿》第三册，沈阳：辽宁教育出版社，2003年版，24页。

[8] 赵万里辑:《静安文集续编》，上海：上海书店出版社，1983年版，74b页，载《王国维遗书》第五册。

[9] 同注[8]，70a页。

[10] 王国维著:《观堂集林》上册，北京：中华书局，1959年版，147页。

[11] 同注[10]，296页。

[12] 同注[2]，51页。

[13]《观堂集林补编》也系王国维自订，但未能在其生前刊出。及王氏投湖自沉，罗振玉、赵万里拟为之整理出版遗稿，因《观堂集林》初刊本已售罄，故议定重出一部收录《观堂集林补编》在内的《观堂集林》。详参赵万里《王静安先生著述目录》，载谢维扬、房鑫亮主编:《王国维全集》第20卷，杭州：浙江教育出版社，2009年版，147页。

[14]《王国维全集》第20卷，杭州：浙江教育出版社、广州：广东教育出版社联合出版，2015年版，462页。

[15] 见密韵楼本《观堂集林》蒋序。

[16] 同注[10]，145页。

[17] 同注[10]，146页。

[18] 同注[10]，151—153页。

[19]《艺林》八卷文章多可归入传统学问中研治文字、音韵、训诂的“小学”之部，其中又以文字研究为重，卷三有关器物类称的论述，也是基于文字的辨考。

[20]《毛公鼎考释》作于1916年，初刊于《学术丛编》第四册，收入《观堂集林·艺林》的是其序。

[21] 同注[10]，第 293—295 页。

[22] 在 1916 年 8 月 27 日致罗振玉的信中，王国维提到："今日自写《毛公鼎考释》毕，共一十五纸，虽新识之字无多，而研究方法则颇开一生面，尚不失为一小种著述也。"见《王国维书信日记》，158 页。中国古代虽无"博物学"的称谓和学科分类，但有博识广闻的博物学者和以"博物"命名的书籍，崇尚博洽亦为一种文化传统。而"博物学"当指利用物质世界和现实生活中的各种知识技术对一个或多个对象加以综合研究的方法，其意与西方的"博物学"(natural history)概念尚有差异。至于 natural history 之汉译，当作"自然志"更为合适。

[23] 在 1923 年 7 月 2 日致容庚信中，王国维谈及《史林》和《艺林》中有关吉金研究文章各自的侧重："以考证地理及史事者若干篇入《史林》；以考释文字者改题为'释厶(私)'，入《艺林》中。"见《王国维书信日记》，705 页。

[24]《观堂集林》下册，北京：中华书局，1959 年版，901 页。

[25] 罗振玉以《秦公敦跋》未见于王国维自藏《观堂集林》目录眉注，故认为是后者自所删落者。及王殁后，罗振玉将之编入《观堂别集》。实则该跋存见王国维手订《观堂集林补编》目录中。赵万里认为本当编入收录《补编》在内的《观堂集林》，故在《王静安先生著述目录》中有所说明。见《王国维全集》第 20 卷，148 页。

[26] 北京文津阁 2014 年春季拍卖会拍品，于 2017 年 12 月，在清华大学艺术博物馆"独上高楼：王国维诞辰 140 周年纪念展"展出。

[27] 同注[10]，529 页。

[28] 图见中国国家图书馆金石拓片组编：《国家图书馆藏陈介祺藏古拓本选编 · 青铜卷》，浙江古籍出版社，2008 年版，20 页。

[29] 见《王国维书信日记》，455 页。

[30]《学术丛编》第一册，民国期刊集成本，上海：上海书店出版社，2015 年版，第 7 页。

[31] 同注[30]，第 15 页。

[32] 二刊皆在《条例》中说明"相辅而行"。

[33] 同注[30]，10 页。

[34] 长期以来,王国维被误认为是第一位将“美术”一词引进中国的译者,谈晟广对此有所辩证,及其有关王国维“美术”语汇的论述,详参《王国维与现代中国“美术”观念的起源》,载《独上高楼:王国维诞辰140周年纪念展》展览图册,清华大学艺术博物馆,2017年版,6—19页。

[35] 同注[8],74b页。

[36] 潘静如提出,有清一代金石学实为一种“目的金石学”(teleological epigraphy),由经史考证而建立起的考据话语或考据威权,疏离或贬抑了金石的造型艺术,主流话语也排斥了对于艺术精神的探索。详参《被压抑的艺术话语:考据学背景下的清金石学》,《文艺研究》2016年第10期。

[37] 对金石中图像资料和艺术的忽视,不仅缘于学者们缺乏意识,也由当时并不完备和不成熟的出版体例与技术条件所致。

[38] 内容详见王国维1922年8月24日致马衡手札,载《王国维与马衡往来书信》,86页。

[39] 同注[14]第1卷。2015年版,133页。

[40] 同注[39],55页。

[41] 同注[39],57页。

[42] 同注[2],475页。

[43] 同注[8],25a页。

[44] 同注[8],23b页。

[45] 同注[2],51页。

[46] 同注[38],235页。

[47] 同注[2],98、102、153、167页,其中大部分系王国维为罗振玉代购前之讯息通报。

[48] 同注[2],474页。

[49] 同注[2],94页。

[50] 同注[8],26a页。

[51] 王国维著,《〈待时轩仿古玺印谱〉序》,载《观堂集林(外二种)》,石家庄:河北教育出版社,2003年版,700页。

[52] 同注[51]。

道术有别：王国维的艺术观

肖 琴 彭 华

位于清华大学的王国维纪念碑

王国维一生涉猎极其广博，举凡哲学、美学、教育学、文学、文献学（版本学、校勘学、目录学）、小学（文字学、音韵学、训诂学）、经学、史学等均有专门研究，并且在众多的学术（学科）领域都取得了不可磨灭的成就。众所周知，王国维的治学之路大致以辛亥革命为界，分为前后两个阶段：辛亥革命前（1877—1911），主要从事哲学、美学、伦理学、教育学、心理学、文学研究；辛亥革命后（1912—1927），治学重点转向经、史、小学。与此相对，王国维对艺术的看法与评价，也可谓前后有别。

前期的王国维，勤奋地阅读康德、尼采、叔本华、洛克、休谟、霍布斯、伏尔泰、笛卡尔、斯宾诺莎、歌德、席勒、黑格尔等人的著作，并且深受德国思想家、文学家、艺术家的影响。在美学（文学、艺术等）上，王国维吸收、借鉴和认同的是德国思想界流行的“天才说”“游戏说”“超功利说”。因此，这一时期的王国维，特别重视、推崇的是哲学、文学与美术，而对哲学尤其尊崇，但对中国传统的艺术评价不高。后期

的王国维，几乎捐弃“故技”（前期的学术与观点），转而治中国传统的经、史、小学，由是而对中国的传统之学颇为宝爱。这一时期的王国维，对中国与西方的“道”与“术”，所持看法已与前期不同，且对中国传统的艺术评价较高。

艺术与人：关乎情理

在王国维看来，“人之所以为人者”，不在于“饮食男女”，因为“饮食男女，人与禽兽之所同”，

“人之所以为人者”，在于人有知识（或理性）和感情。具体说来，又可以把“人之心意”一分为三——知力、意志、感情，而三者所成就的理想便是真、善、美。因此，“教育之宗旨，亦不外造就真、善、美之人物”。一个人具备了真、善、美，自然而然便入乎理想状态。当然，要入乎这种理想状态，是需要先天条件（“才”）和后天条件（“学”）的。套用王国维的话说，“夫学须才也，才须学”。而作为后天的“学”，则与作为学科的哲学、文学、美术直接相关，“人于生活之欲外，有知识焉，有感情焉。感情之最高之满足，必求之文学、美术；知识之最高之满足，必求诸哲学”。

艺术与学科：尤重哲学与美术

王国维认为，“古今东西之为学，均不能出此三者”。世界上的学问千千万万，但就学科门类而言，实际上不过三大类——科学、史学、文学，“凡记述事物，而求其原因，定其理法者，谓之科学；求事物变迁之迹，而明其因果者，谓之史学；至出入二者间，而兼有玩物适情之效者，谓之文学”。三大学科门类各司其职，在功能与作用上自有分工。王国维进一步指出，这三大学科门类虽然“斠然有疆界”，但又相辅相成、和衷共济，“为一学，无不有待于一切他学，亦无不有造于一切他学”。

虽然说“世界学问，不出科学、史学、文学”，但在王国维的心目中（指的是前期的王国维），三大学科实则又有高下之别。

在众多学科门类中，王国维尤其重视哲学与美术，“天下有最神圣、最尊贵而无与于当世之用者，哲学与美术是已”，因为哲学与美术所追求的是永恒而普遍的真理，而真理具有超功利的神圣的价值。在《红楼梦评论》第四章中，王国维视“真理”为“纯粹之知识”“美术之价值，存于使人离生活之欲，而入于纯粹之知识”。依此要旨，故切不可以哲学与美术为道德政治之手段，“若夫忘哲学、美术之神圣，而以为道德、政治之手段者，正使其著作无价值者也”。因此，王国维振臂疾呼：“愿

今后哲学美术家，毋忘其天职，而失其独立之位置，则幸矣！”

除最神圣、最尊贵的哲学与美术外，王国维对超功利的文学评价也极高。王国维赞同德国剧作家、诗人、美学家席勒（1759—1805）的观点，认为作为人类“最高尚之嗜好”的文学、美术，“亦不过成人之精神的游戏”。和哲学与美术一样，文学也是超功利的，“余谓一切学问皆能以利禄劝，独哲学与文学不然”“餔餟的文学，决非真正之文学也”。以政治家与文学家相较而言，“政治家与国民以物质上之利益，而文学家与以精神上之利益”“物质上之利益，一时的也；精神上之利益，永久的也”“（文学家）与国民以精神上之慰藉，而国民之所恃以为生命者，若政治家之遗泽，决

隋　展子虔
《游春图》
纵四三厘米
横八〇厘米
绢本设色
故宫博物院

不能如此广且远也”。因此，王国维甚至宣称，“生百政治家，不如生一大文学家”。

艺术与评价：超功利的无用之用

根据以上所立理据，对中国的哲学、文学、美术等学科乃至一般性的学术，王国维都进行了尖锐的评价，同时又提出了殷切的期望。

1906 年，王国维理直气壮地宣称，“今日之时代，已入研究自由之时代，而非教权专制之时代”。正因如此，故王国维认为全然不可再视学术为政治之附庸，更不可以学术为政治之手段。基于这一立场，王国维激烈批评康有为（1858—1927）之《孔子改制考》《春秋董氏学》与谭嗣同（1865—1898）之《仁学》，痛斥二人“之于学术非有固有之兴味，不过以之为政治上之手段”。抛开康有为、谭嗣同，转而回顾古代中国的哲学，也同样令人气馁，“我国无纯粹之哲学，其最完备者，唯道德哲

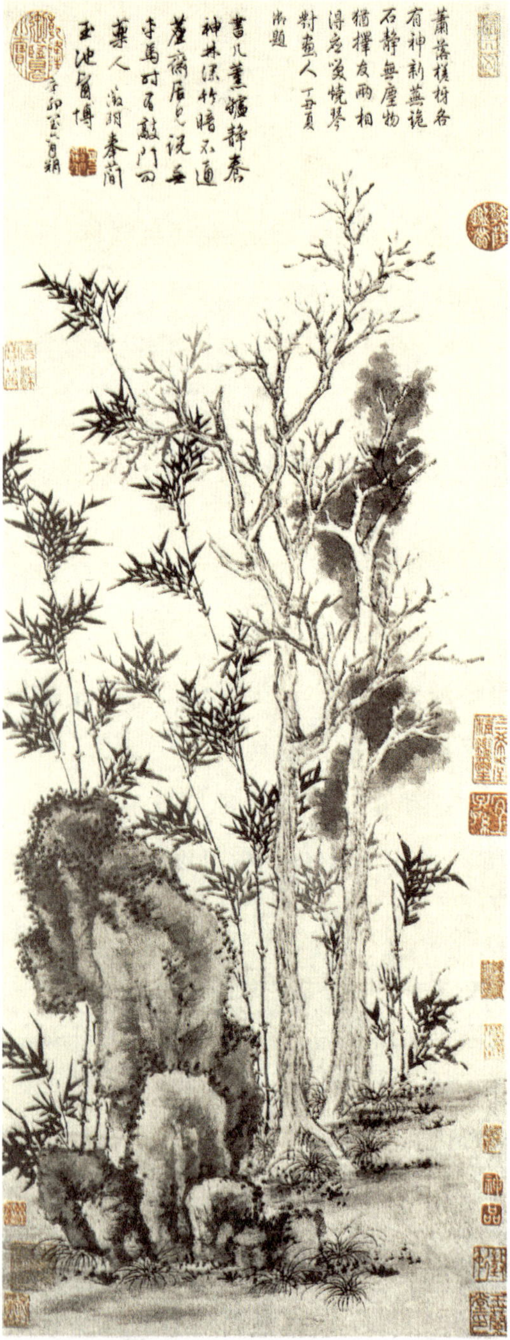

明　文徵明《霜柯竹石图轴》

纵七七厘米　横三一厘米

纸本墨笔　上海博物馆

学与政治哲学耳”。古代中国的道德哲学与政治哲学，径直“以政治及社会之兴味为兴味”，并不是纯粹的、真正的哲学。

除哲学外，当时之文学亦复不容乐观。王国维坦言，“又观近数年之文学，亦不重文学自己之价值，而唯视为政治教育之手段，与哲学无异”，而此无异于是对神圣之哲学与文学的“亵渎”，实属罪“不可逭”。如此一来，“欲求其学说之有价值，安可得也”！

至于美术，则愈发等而下之。王国维一针见血地指出，“我中国非美术之国也！”以美术诸门类而言，“我国建筑、雕刻之术，无可言者”“至图画一技，宋元以后，生面特开，其淡远幽雅实有非西人所能梦见者”，但又竟然不为世所容，“世之贱儒辄援‘玩物丧志’之说相诋”。其结果是，“故一切美术皆不能达完全之域”“美之为物，为世人所不顾久矣”！

在王国维看来，中国哲学、文学、美术乃至学术之不兴旺、不发达，其症结就在“功利”二字，“一切学业，以利用之大宗旨贯注之。治一学，必质其有用与否；为一事，必问其有益与否”，全然不知“无用之用，有胜于有用之用者”。因此，王国维正言宣告，“欲学术之发达，必视学术为目的，而不视为手段而后可”。

晚年的转变：尊崇传统之学

晚年的王国维，对中学与西学的看法与评价，截然不同于早期。以其《论政学疏稿》为例，其中学观与西学观、学术观与艺术观，是为其“晚年定论”。

王国维认为，中国“自三代至于近世，道出于一而已”，只是在泰西通商、“西学西政之书输入中国”以后，“修身齐家治国平天下之道乃出于二”。至于光绪中叶，“新说渐胜”;“辛亥之变”后，“中国之政治学术几全为新说所统一矣”。由此，“新旧之争，更数十年而未有已”，以致“国是淆乱，无所适从”。

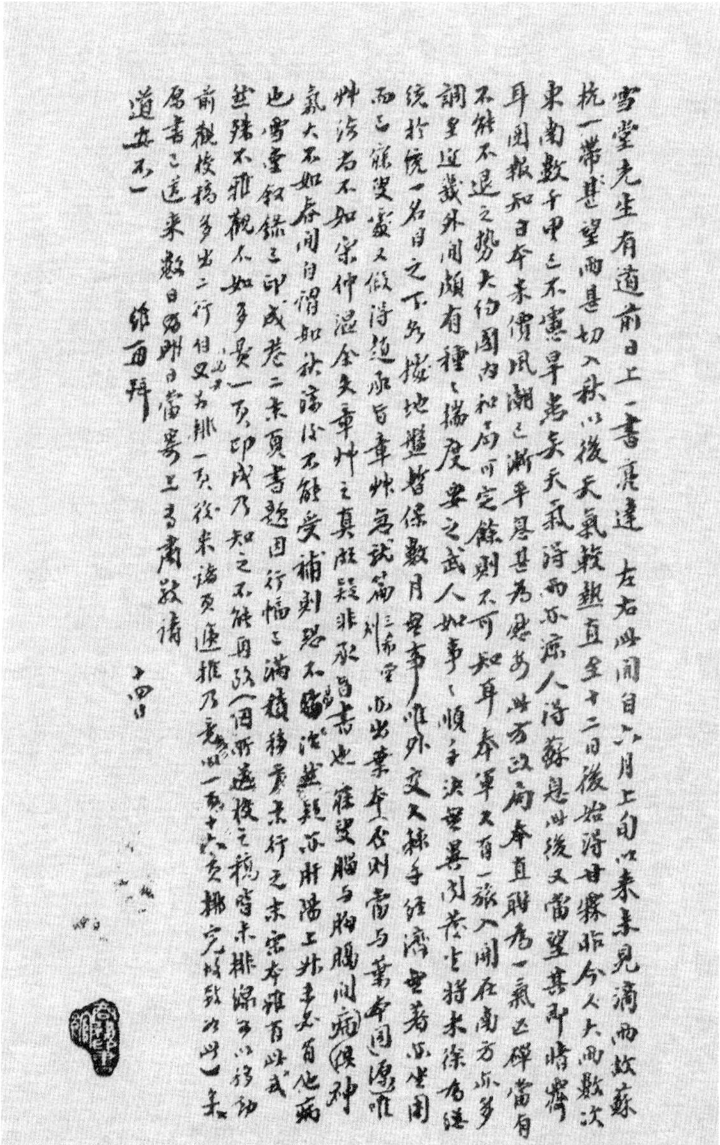

雪堂先生有道前日上一書亮達　左右此間自六月上旬以來未見滴雨欲蘇
杭一帶甚望雨甚切入秋以後天氣較熱直至十二日後始得甘霖昨今又大雨數次
東南數千里之不憂旱患矣天氣得雨亦涼人得蘇息此後又當望其即晴霽
耳閩報知日本未慣風潮之漸平息甚為懸盼此方政府奉直戰為一氣已碑當有
不能不退之勢大約團內和局可定餘則不可知耳奉軍又有一旅入關在南方亦多
調呈遊戲外間頗有種種揣度要之武人如事事順手決無異想發生將來係為總
統於總一名目之下多據地盤暫保數月無事雖外交又棘手經濟無著亦坐困
而已[illegible]又假詩箋承旨韋艸為試寫三希堂亦出葉本否則當與葉本同源
艸法者不如宋仲溫全失章艸之真頗疑非承旨書也雍叟腦與胸腸間病神
氣大不如春間自謂如秋露後不能受補則恐不為治然亦附帶上外事異百他病
也雪堂叙錄之印成卷二末頁書題因行幅之滿積稍貴未行之末[illegible]本雜首此式
然殊不雅觀不如多費一頁印成乃知之不能再改（因所遞校之稿尚未排[illegible]以移動
前觀校稿多出二行[illegible]又另排一頁後來論頁遞排乃竟多一頁十六頁挪完始致此耳）矣
屬書之匾來數日[illegible]日當寄呈肅啟請
道安不一　維再拜　十四日

在王国维看来，“西说之所以风靡一世”，是因为“其国家之富强也”，但是，追求富强激发了人的贪欲，这是“西说之害根于心术者一也”。西方推崇科学，以为科学万能，“处事皆欲以科学之法驭之”，但是，科学不是万能的，如“人心之灵及人类所构成之社会国家”，便“万不能以科学之法治之”。其实西方人业已察觉其弊端，于是王国维以“我朝列祖列宗”为例上疏溥仪，称圣祖仁皇帝（康熙）如何如何、高宗纯皇帝（乾隆）如何如何。王国维上疏的落脚点，是为“皇上”献言献策，“臣以为皇上典学之余，亦宜上法二祖，于文学艺术心之所好者，不妨泛览，或有所专习，此于涵泳圣德、颐养圣躬，均有关系”。

由此疏文可知，王国维确实建议“皇上”溥仪效法“二祖”——康熙、乾隆，对“心之所好”的中国固有的“文学艺术”加以泛览或专习。可想而知，后期的王国维对中国的传统之学（哲学、文学、美术等）确实是宝爱有加。

王国维学术思想简述

邓瑞全

王国维，初名国桢，字静安，又字伯隅，号礼堂，晚号观堂，又号永观，谥忠悫，浙江海宁人。王国维所处的时代正是清末民初社会巨变的时代，西学东渐，东学西研，中国学者开始尝试和借鉴西方的学术理论和研究方法探讨中国学问，解决中国的文化与学术问题。

王国维就是这方面的探路者和先行者，他秉持“独立之意志，自由之思想”，借鉴西方哲学的研究方法和视角，在词曲、戏剧、史学、古文字学和考古学诸多方面，筚路蓝缕，开山立户，创造性地构建起一座座学术丰碑，为中华民族文化宝库留下一笔笔熠熠生辉的学术遗产。他所达到的境界和高度，百年来企及者寥寥，其学术成果和贡献享誉海内外。

陈寅恪先生曾对王国维的学术成就和治学方法作过很好的概述：

一曰取地下之实物与纸上之遗文互相释证，凡属于考古学及上古史之作，如《殷卜辞中所见先公先王考》及《鬼方昆夷玁狁考》等是也；二曰取异族之故书与吾国之旧籍互相补正，凡属于辽、金、元史事及边疆地理之作，如《萌古考》及《元朝秘史之主因亦儿坚考》等是也；三曰取外来之观念与固有之材料互相参证，凡属于文艺批评及小说戏曲之作，如《红楼梦评论》及《宋元戏曲考》《唐宋大曲考》等是也。此三类之著作，其学术性质固有异同，所用方法亦不尽符会，要皆足以转移一时之风气，而示来者以轨则。吾国他日文史考据之学，范围纵广，途径纵多，恐亦无以远出三类之外，此先生之书所以为吾国近现代学术界重要之产物也。

王国维的学术体系丰富而宏大，可以从四个方面梳理其主要成就。

从人生中寻找诗性

早在青年时代，王国维就开始了诗词创作，

元　赵孟頫《洞庭东山图》
纵六二厘米　横二八厘米
绢本设色　上海博物馆

数量虽不算多，但入选钱仲联先生选编的《近代诗钞》七十余首,入选严迪昌先生选编的《近代诗钞》八十首,可见其诗作质量之高。钱锺书先生曾用“庶几水中之盐味，而非眼里之金屑”赞誉王国维诗词之韵味隽永。

王国维在诗词创作方面的代表作有《人间词》等。《人间词》境界之高，厕身唐宋亦属上乘佳作。王国维面对当时纷浊的社会，以诗词这种形式，表现出一个怀有崇高理想而又具悲观性格的学者对人生的喟叹与无奈。

王国维诗词创作的高峰时期，也正是他潜心研究西方哲学的时期。由于王国维信奉叔本华哲学，再加上性格内向、多愁善感，过早地品味到人生的艰辛与苦痛，势必在其词作中有所体现。如《采桑子》中写道：“人生只似风前絮，欢也零星，悲也零星，都作连江点点萍。”忧生梦幻便成了王国维诗词的主旋律。

周策纵在《论王国维人间词》中说：“往往以沉重之心情、不得已之笔墨，透露宇宙悠悠、人生飘忽、悲欢无据之意境，亦即无可免之悲剧。”王国维对宇宙、自然、人生、社会、伦理、哲学乃至生命和灵魂的体悟和感受，哪怕是瞬间的灵光乍现，都可以敏锐地捕捉到，行诸笔端，触动人心最柔软的地方。在这个意义上，王国维是诗人，敏感而浪漫，凄婉而脆弱。

从哲学中探究本原

王国维在哲学方面的代表性成果有《论性》《释理》《原命》等。他是最早一批将西方哲学引入中国的学者，也是对西方哲学有深入研究的少数几位学者之一。如他早年即有这样的认识："哲学者，论自然、人生、知识等之根本原理之学也。"这种认识高度是当时学人难以企及的，更是由于接触到西方哲学而得以重新审视中国的传统文化。

王国维最早接触到的是康德和叔本华等人的哲学。康德的主、客体对立二元论传统对王国维有很大的启发，因为中国儒家人本主义传统缺乏的正

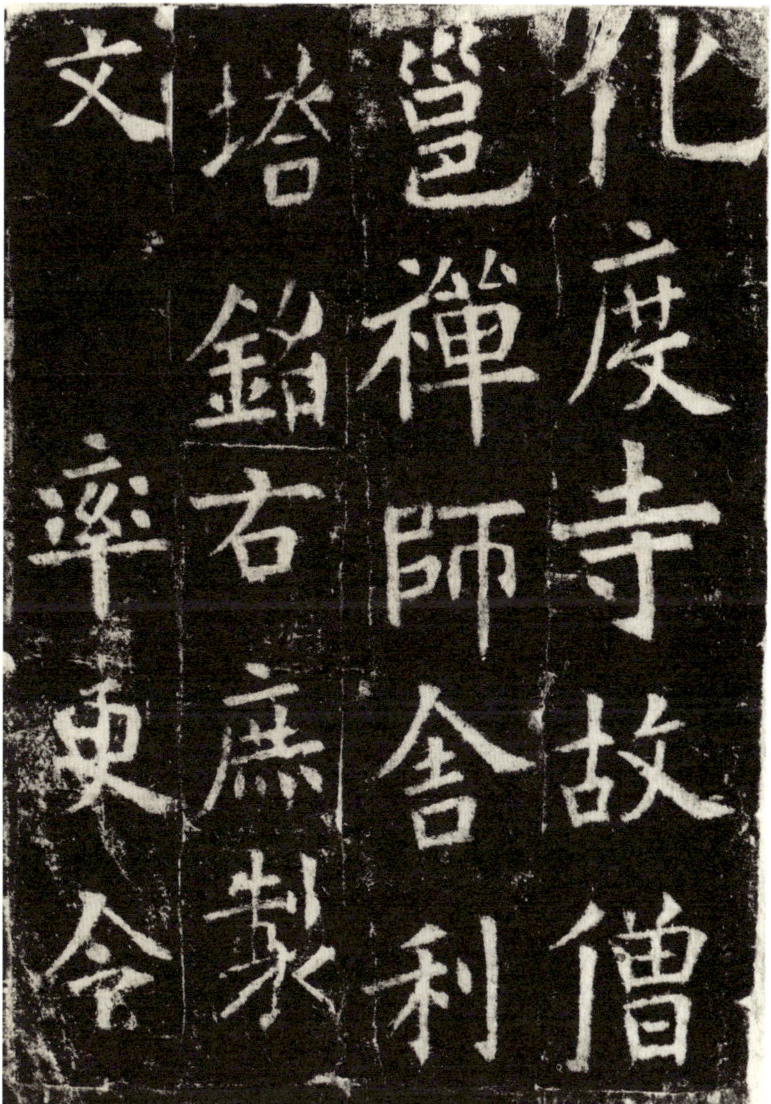

唐　欧阳询《化度寺碑》拓本（局部，敦煌石窟残本）

是主体与客体的对立。王国维针对传统文人信奉的“学而优则仕”的传统，提出了“学术之发达，存于其独立而已”的观点。正是有了王国维的推动，中国知识分子才开始呼吁独立自由的学术精神。

王国维研究叔本华，不仅能够认识和理解叔本华的哲学思想和逻辑本质，而且可以借鉴叔本华的思想观念和研究方法，分析和梳理中国哲学史上的基本范畴和种种问题，这在当时是很少有人能够做到的。运用西方哲学方法分析中国哲学问题，进而尝试构建中国哲学学科体系，这在 20 世纪初无疑是具有开创性的研究。

从文学中体悟境界

王国维接受了康德、席勒等人的文学“游戏说”的观点，认为“文学者，游戏事业也”“一代有一代之文学”，把纯文学体裁从传统杂文学中分离出来，赋予文学相对的独立性。《红楼梦评论》《宋元戏曲考》《人间词话》等，都是王国维在文学理论及文学史研究方面的经典之作。

《红楼梦评论》借用西方的美学观点，以西方论文的形式突破了点评、索引等传统形式的局限。《宋元戏曲考》对原本不登大雅之堂的中国传统戏曲进行了系统的研究，勾勒了中国戏曲的起源以及发展的不同脉络，尤其对元杂剧的表现特点与悲剧美进行了高度的评价。《人间词话》是中国诗学领域的一部总结性著作，王国维从作品分析入手，借鉴了西方哲学家——特别是叔本华的哲学理论和方法，创造性地与中国传统诗词批评理论和创作实践完美结合，提出文学创作和文学审美的一系列概念和方法。他在《人间词话》之二六中说："古今之成大事业、大学问者，必经过三种之境界。'昨夜西风凋碧树，独上高楼，望尽天涯路'，此第一境也；'衣带渐宽终不悔，为伊消得人憔悴'，此第二境也；'众里寻他千百度，蓦然回首，那人却在灯火阑珊处'，此第三境也。此等语皆非大词人不能道。然遽以此意解释诸词，恐晏、欧诸公所不许也。"第一种境界，坚韧执着，立意高远，破除迷障，才能探寻美好和真理。第二种境界，艰苦跋涉，披荆斩棘，努力向前，无怨无悔。第三种境界，百虑殊途，反复探寻，山重水复，豁然开朗。其中的“境界”“有我”“无我”“理想”“写实”等等，达到了前无古人的高度。

后来王国维在《文学小言》中又把这三境界说成“三种之阶级”，认为：“未有不阅第一、第二阶级而能遽跻第三阶级者，文学亦然。此有文学上之天才者，所以又需莫大之修养也。”这些经典论述，已经成为中国文化的宝贵财富。

从历史中求得新证

王国维历史学方面的代表性成果主要收录在《观堂集林》卷 9 至卷 22，研究范围涉及殷周研究、司马迁研究、历史地理研究、北方民族研究、辽金元研究、汉晋简牍研究、敦煌研究以及青铜器、石经、碑刻等方面的研究，堪称广博而专精。

甲骨文自1899年被发现后，虽有王懿荣、刘鹗等学者的关注，但多是文字学意义上的探讨，真正有突破的研究还是始于王国维与罗振玉。王国维第一次通过解读甲骨文字，进而探讨殷周历史和制度，所撰写《殷卜辞中所见先公先王考》《殷卜辞中所见先公先王续考》《殷周制度论》《殷虚卜辞中所见地名考》《殷礼征文》《古史新证》等，修正古书之误，廓清前哲之疑，拓展旧有之知，开创了学术研究的新时代。

特别是他于1925年在《古史新证》第一章总论中提出著名的“二重证据法”，极具理论和实践意义。具体来说，“二重证据法”就是运用地下的考古材料与传世的文献材料互相比较，相互印证，从而考证古史的真实面貌。

“二重证据法”主要体现在敦煌文献与出土尺牍研究以及西北史地研究等方面。作为中国敦煌学的开创者之一，王国维发表了数十篇有关敦煌学的考论跋文，以敦煌古写本考证古籍源流和古代音韵学，结合敦煌壁画提供的线索，发掘出前人未知的史实。他在《简牍检署考》中，综合传世文献与简牍、

五代 董源
《潇湘图》（局部）
纵五〇厘米
横一四一厘米
绢本设色
故宫博物馆

封泥等出土文物，对古代简牍的制作、使用方法与形制等作了讨论，为中国简牍学的发展奠定了坚实的基础。实际上，这是中国传统考证方法与西方实证研究方法相结合的学术研究方法，王国维的归纳和总结，为后世学者开辟了一条通往学术新大陆的航线。

王国维之所以能取得如此多方面的学术成就，得益于其所具有的三种意识。

敏锐的学术意识

王国维善于结合时代所提供的新观念或新材料，提出新的理论，建构新的理论体系，对最新的学术发展，有着敏锐的眼光。他曾指出："自汉以来，中国学问上之最大发现有三：一为孔子壁中书；二为汲冢书；三则今之殷墟甲骨文字。敦煌塞上及西域各处之汉晋木简，敦煌千佛洞之六朝及唐人写本书卷，内阁大库之元明以来书籍、

档册。凡此四者之一，已足当孔壁、汲冢所出……故今日之时代，可谓之发见时代，自来未有能比者也。”这些看法也为王国维的学术研究指出了方向，其研究成果也主要集中在这几个方面。

宽博的汇通意识

这包括中西汇通、古今汇通、文史哲汇通。

大癡道人平陽黄公望畫于
雲間客舍時年八十有一

元 黄公望
《水阁清幽图》
纵一〇五厘米
横六七厘米
纸本墨笔
南京博物院

他曾在《国学丛刊·序》中，表达了对中西二学比较客观的认识："余谓中西二学，盛则俱盛，衰者俱衰。风气既开，互相推助。且居今日之世，谓今日之学，未有西学不兴而中学能兴者，亦未有中学不兴而西学能兴者。"他早年对西方近现代哲学用力甚勤，深受西方哲学及美学的影响；留学日本后，对传统国学更为勤奋，"日读《注疏》一卷，拟自'三礼'始，以及他经，期以不间断"，以求中西通融、新旧并蓄。

浓郁的乡邦意识

古人云："睹乔木而思故乡，考文献而爱旧邦。"王国维的乡邦意识不仅是地理或地域方面的，还有文化传统和文化价值方面的。他出身浙江海宁书香门第，青少年时代接受了完整的传统国学经史训练和价值观养成，对故乡的念旧近乎偏执。堂前屋后的飞燕和江岸上的牛马，甚至钱塘夜潮中翻滚的波浪，都让他无法释怀，在其词作中多有体现。他的学术成果中也有不少研究浙江文化与文献的，如《两浙古刊本考》等。

在王国维投水自沉后两周年之际，陈寅恪曾写下一篇情真意切的碑铭："惟此独立之精神、自由之思想，历千万祀，与天壤而同久，共三光而永光。"这既是陈寅恪对王国维人格和品德的赞誉，更是对其学术开拓与贡献的肯定。在那个新旧交替的时代，正是王国维以"独立之精神、自由之思想"专于学术研究与思考，才保留和延续了中华文明的文化主体，开创了文化新时代。这对于当今学术界来讲，是一笔宝贵的精神财富。

“美”的启示

袁法周

王国维是中国近代著名的学者，在中国文化史和学术史上影响深远。世人对其评价颇多，而钱锺书的评价颇见深度和意味。钱氏曾语 :“老辈惟王静安，少作时时流露西学义谛，庶几水中之盐味，而非眼里之金屑。”这个比喻有趣且高明。眼里之金屑，见《传灯录》中惟宽语 :“如人眼睛上，一物不可住。金屑虽珍宝 , 在眼亦为病。”水中之盐味，见《傅大士心王铭》云 :“水中盐味，色里胶青。决定是有，不见其形。”以金屑对盐味比喻作诗用事，一个是不相与容，一个是不见其形，高下立判。可知，钱氏用“水中盐”来形容王国维的诗作特点，评价不可谓不高。钱氏曾在《谈艺录 · 六十九 · 随园论诗中理语》又云 :“理之在诗，如水中盐、蜜中花，体匿性存，无痕有味，现相无相，立说无说。所谓冥合圆显者也。”“水中盐”的比喻可以理解为一种高妙的文章用典的创作方法，对此周振甫先生解释得很清楚 :“钱先生指出水中着盐的比喻，可以指两方面 :一方面是用典，把典故融化在语言中，使人不觉得在用典。一方面是含教训，把教训含在所写的景物中，使人从所写的景物中体会教训，也是艺术家所向往的境界。”在钱氏看来，用典实、寓教训的“水中着盐”，都是席勒论艺术高境所谓内容尽化为形式而已。以此来说，王国维做到了西学义谛与传统学术冥合圆显，不露斧凿的痕迹，深得水中之盐味，进而来形容其文化艺术研究的特点和所处时代文化的风貌也是恰如其分的。

美是核心：王氏文化艺术研究特点

谈及王国维及其文化艺术的成就，总会有人这样问：王国维不是史学家、古文字学家吗？难道他还是艺术家？如果从当今学科划分角度来看，王国维可被冠以若干家的头衔，而各学科的学者专家囿于各自领域的研究范围，很容易只见树木不见森林。作为近代以来中国文化的“通人”，王国维在文化艺术方面的贡献也是需要进一步研究和挖掘的。试想，在清末民初的时代，一位没有

雪堂先生親家有道前日寄一書想達

左右比想

起居多勝為頌高郵王氏訓詁音韻諸書稿已粗理一過釋大一書乃纂

輯百大義之字以聲分類而通其義每字母為一卷現所[illegible]成者見谿

群疑影喻曉匣八字母他母字無有雖未成之書實曠世之絶作也

古韻二十一部通表其書名與每部前之表皆王梓材所為梓材於韻學所造

不深其表不可用其蘩條不[illegible]存者不多惟此為完書其諸聲譜則為說文作

所寫出者僅說文十四卷之一耳詩經群經而漢之合韻

全而分類纂集訓詁之書及聯綿字之書亦不完之甚蓋著書未久即亦

置也 維意所可刊者釋大及二十一部表二種合韻錄書僅可採一叙錄

附於全書之後不知 先生以為何如專肅敬請

道安不一 國維再拜 十[illegible]

文化艺术修养和底蕴的学人，是否可以遑论大师、堪比通人呢？那么，如何理解王氏之通呢？大致通者有三：

一通为治学之通。既深谙旧学，又精研新学，做到了中西学术贯通。其治学广涉哲学、美学、教育学、文学评论、文学艺术史、历史学等领域，于近代中国戏曲、教育、美学等诸多方面都有首倡之功，在文学及戏曲史研究、甲骨金文与殷周史研究、敦煌文献和西北出土简牍研究、西北史地和蒙元史研究等领域建树卓著。

二通为世界之通。既掌握现代学术的研究方法，又具有国际学术视野和融入意识。不但积极参与世界前沿学术研究，还与伯希和、内藤湖南、铃木虎雄等学者保持着良好的学术互动和交往，在国际学界产生了一定的影响。故伯希和评价说："中国近代之世界学者，唯王国维及陈（陈垣）先生两人。"

三通为文艺之通。既擅写书法，又精于书画鉴定，这得益于其父王乃誉的沾溉与其友罗振玉的影响，与当时书画艺术圈子也多有交集。同时转向哲学、文学、美学的研究，在文艺研究和批评方面独树一帜，并且有着较为明显的为学术而服务的倾向。

进而从传统文化艺术层面来看，王国维的书法与书画鉴定艺术实践，根植于传统文化修养，属于旧学传统，犹如“水”。从近现代文化及学术的层面来看，王国维积极汲取西方哲学营养，确立了自己的审美观念和体系，属于新学建树，犹如“盐”。由此来看，王氏之学的特殊滋味从哪里来？或可一言而概之：“美”正是王国维文化艺术研究中的“盐”。

有些视王氏之学为遗老旧学的人，是不是忽略了在中西文化的激烈碰撞中王国维对传统文化现代化转型所做的种种探求和努力？放眼近现代文化学者群体治学的特点与风貌，王氏之学中有一条特别而典型的线索：由诗教转向美育。这一特点贯穿王氏庞大而丰富的思想体系，传统旧学得以革新，现代学术得以开启。通人之学非知识之通、知识之穷极，而是思想之通、思想之圆融。从某种程度上讲，中国传统文化的核心是诗与诗教，到了近现代西风东渐后，必然要走向美与美育。文化需要革新，不然就会消亡。寻找美成为了一种文化自觉与选择，王国维成为了有系统地倡导美、诠释美、创新美的近代第一人。

何以为美：哲学家与美术家之天职

王国维在近代文化艺术上的一大突出贡献，在于对美的探讨。由于深受康德、叔本华的美学思想影响，王国维对美的探讨是建立在哲学批判的基础之上的，其中无不闪耀着理性批判和超功利的人文主义光芒。王国维无疑在当时吹动了一股引领独立自由的文化艺术新风。

关于美的本质，王国维认为是“超越利害”的，即“可爱玩而不可利用者是已”。其在《红楼梦评论》中指出能够超然于生活、欲、痛苦三者利害之外的唯有美术，“故美术之为物，欲者不观，观者不欲。而艺术之美所以优于自然之美者，全存于使人易忘物我之关系也”。超越利害方能忘却物我。在此基础上，王国维进一步指出，美之为物有两种：优美与壮美——能够使人脱离生活之欲，进入纯粹知识。而与二者相对的则是眩惑。值得注意的是，王国维的“吾心宁静之状态，名之曰优美之情”，实质上是艺术美的静观与体验，核心还是纯粹、无利害的。

围绕“审美超越利害”这一核心命题，王国维对优美、宏壮、眩惑、古雅等美学范畴进行了系统的阐释。其中“古雅说”的提出令王氏颇为得意，自称“新学语”“因美学上尚未有专论古雅者，故略述其性质及位置如右”。在《古雅之在美学上之位置》一文中，王氏提出了“美术者，天才制作也”“美之性质，一言以弊之曰：可爱玩而不可利用者是已”“一切之美，皆形式之美也”及第一形式与第二形式等精彩论断。如果说王氏的“天才论”是深受康德艺术理论的影响，那么“古雅说”则是西方艺术理论的中国化的转化与创新。王氏指出“艺术中古雅之部分，不必尽俟天才，而亦得以人力致之”。以传统绘画为例，清代画家王翚“彼固无艺术上之天才，但以用力甚深之故，故摹古则优，而自运则劣”，其画作也称得上古雅，属于第二形式之美了。可以说，王氏在旧与新、中与西之间打开了一扇艺术与美学之门，奠定了中国近代美学的基石。

而王国维对艺术和美的追求在于“得一种独立之价值”。王氏在《论哲学家与美术家之天职》中开宗明义：“天下有最神圣、最尊贵而无与于当世之用者，哲学与美术是已。”将哲学与美术提升到了至高的地位，并指出二者所追求的是真理。他同时批判说“故我国无纯粹之哲学”“美术之无独立之价值久已……而纯粹美术上之著述，往往受世之迫害，而无人为之昭雪者也。此亦我国哲学、美术不发达之一原因也”。这里所说的美术，非狭义之美术，而是涵盖诗歌、戏曲、小说、音乐、雕塑、建筑、书法、绘画等形式，近乎跨越学科的文化艺术审美活动。而独立价值是美术应有之义，对此王氏大声疾呼“愿今后之哲学、美术家，勿忘其天职而失其独立之位置”。

这很容易让人联想到陈寅恪为王国维撰写的

纪念碑文 :“先生之著述，或有时而不章 ; 先生之学说，或有时而可商 ; 惟此独立之精神，自由之思想，历千万祀，与天壤而同久，共三光而永光。”其中“独立之精神，自由之思想”为世人所敬仰与称道，殊不知此深深根植于王氏的审美思想与艺术观念之中。换个角度讲，王国维对美的判断和理解造就了其思想之独立、自由的特性。

原来美之所在，才是王国维“独立之精神，自由之思想”之所在。

与大师同行 : 文化复兴始于美育

就文化艺术的社会功能而言，美育尤为重要。王国维不仅是中国近代美学的奠基者，而且还是中国近代美育的首倡者，并形成了一系列美育理论成果。

王国维在《论教育之宗旨》中说 :“教育之宗旨何在? 在使人为完全之人物而已。”而完全之人

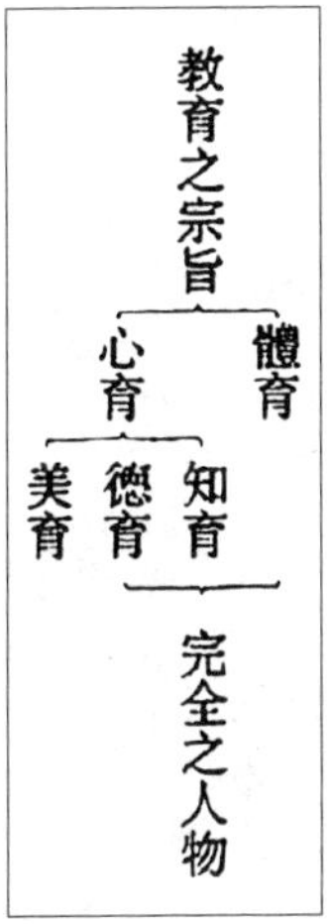

物需是精神与身体调和之发达，对应精神中知力、感情、意志，应有真、善、美之理想。实现这一理想就要通过教育功能，“教育之事亦分为三部：知育、德育（即意志）、美育（即情感）是也”。诚如徐复观在《中国艺术精神》“自叙”中说道：“道德、艺术、科学，是人类文化中的三大支柱。”王国维准确地把握与界定了三者的界域，并首次将美育置于独立的地位，明确提出美育的目的是让人能够实现“最纯粹之快乐”。在王氏看来，美育较之其他二育尤为特殊，一面使人的感情到达完美之域，一面作为德育和智育的手段。于是，王国维为成为完全之人物的教育宗旨画了一幅关系图。

德、智、体、美四育，再结合劳育，正体现了现代教育的全面发展观。王氏教育之说功莫大焉。

而与蔡元培提出的“以美育代宗教”之说相似，王国维提出了“以美育代鸦片”的观点。王

氏在《去毒篇——鸦片烟之根本治疗法及将来教育上之注意》中指出，吸食鸦片是“国民之精神上之疾病”“古人之疾饮酒、田猎，今人之疾鸦片、赌博。西人之疾在酒，中人之疾鸦片”，因此禁止鸦片。除了修明政治、大兴教育以培育国民的知识与道德之外，宗教与美术成为慰藉国民感情的两种手段，所谓宗教适于下流社会、美术适于上等社会，宗教慰藉理想、美术慰藉现实，甚至提出“美术者，上流社会之宗教也”，而“美术之慰藉中，尤以文学为尤大”。培育高尚的嗜好，防止

明 唐寅
《古木幽篁图》
纵一四六厘米
横一四九厘米
绢本水墨
南京博物院

卑劣的嗜好，通过美育来治疗国人的精神疾病，这与后来鲁迅提倡以文艺改造国民精神有异曲同工之妙。此外，王国维还注重艺术对人的熏陶和小学生的美育，无不体现了其在民族图存救亡之际深深的忧患意识以及积极的探索精神。这与蔡元培提出的“科学救国,美育救国”是一脉相承的，对后世文化艺术的发展都产生了深远的影响。

当中国进入 21 世纪，中国传统文化的现代化转型似乎并未停止和完成。“科学救国，美育救国”发展成为了“科学兴国，美育兴国”，人们对艺术文化的初心并未改变。因为科学进步的今天，中国的“美盲”依然很多，人民美育的使命任重而道远。这个时代呼唤大师的出现，与大师同行，与美同行。当人们心怀疑问，不知何为文化、何为艺术、何为美时，不妨翻开王国维的一页手札、一篇文章、一部手稿，答案或许就在泛黄的纸上，或许早已深藏于心里。

文化复兴的味道，恰是盐与水交融的味道。这也许是王国维带给人们的美的启示。

自立于国际艺术市场上的“遗老”

——试论罗振玉流亡京都期间的学术建树与艺术交易

洪再新

按：本论文虽然主要考证了罗振玉在京都的学术建树与艺术交易，鉴于罗、王二人之间的密切关系以及本文严谨的文献考证，可作为深入了解王国维艺术活动的学术背景资料。

中国的现代史充满了悖论。[1]放在中国自身的语境之中，20世纪前期的学术界就是一个典型的例子，因为其重要成就，包括殷墟甲骨文的发现、敦煌与居延汉简的发现、敦煌文书的发现、明清内阁大库档案的抢救保存以及西北边疆民族文字文献的发现，和几位清朝遗老[2]——尤其是和罗振玉（1866—1940）[3]——有着密切的关系。例如在发现、收藏、研究关于中国文明起源的少数甲骨学者中，罗振玉的贡献特别引人注目。[4]但当中央研究院1928年进行安阳小屯考古发掘时，罗振玉碍于遗老的身份，却谢绝聘他做学术顾问的邀请。[5]这种政治守旧与学术创新之间难以调和的关系，如果放在国际化的语境之中，比较便于定位。因为罗振玉能在辛亥以后的八九年间取得如此重大的学术贡献，是他在异国他乡暂时超越了遗老身份，从而能专注于学术自身的探索，成为国际学术主流的重要组成部分。

本文拟将罗振玉在1911年至1919年间的学术建树与艺术交易置于国际化的语境中，分三个方面加以考察：一、罗振玉在脱离中国的政治体制后，

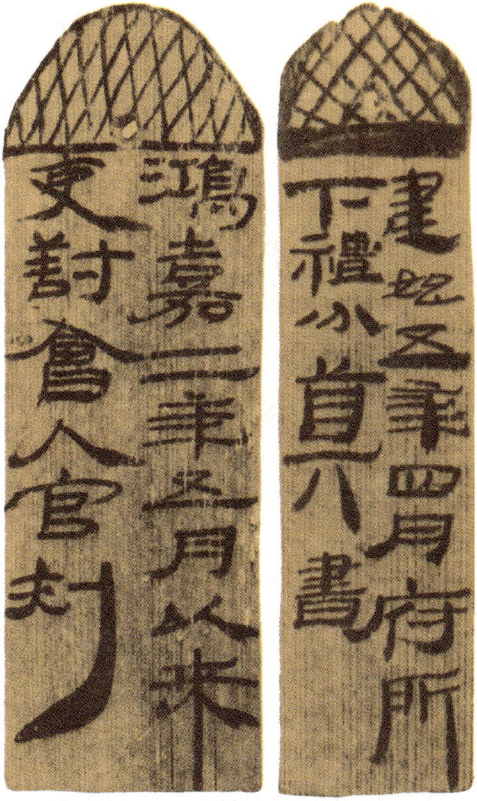

居延汉简木楬
甘肃省文物考古研究所

凭借古物收藏和交易来支撑其宏大的学术出版计划，显示学术探索的自律性；二、罗振玉通过各种商业渠道收藏、整理和出售“南宗”绘画，打开行销这一特殊藏品的日本市场，由此获得经济自立；[6] 三、在促销“南宗”画的过程中，罗振玉以其所藏传为六朝以来的雪景图，在 1916 年采用了“雪堂”的名号，显示了他在海外市场机制下生存发展的特殊性、矛盾形象和深刻悖论。

罗振玉流亡京都期间的学术条件及其建树

郭沫若（1892—1978）在1930年《中国古代社会研究》一书自序中，这样评价罗振玉："（罗振玉）功劳即在为我们提供出了无数的真实的史料。他的殷代甲骨的搜集、保藏、流传、考释，实在是中国近三十年来文化史上所应该大书特书的一项事件。还有他关于金石器物、古籍佚书之搜罗颁布、其内容之丰富、甄别之谨严、成绩之浩瀚、方法之崭新，在他的智力之外，我想怕也要有莫大的财力才能办到的。"[7]

大概没有其他材料可以比罗振玉亡命京都期间的经历能更好地解答郭沫若所注意的"财力"问题。和许多前清遗老不同，罗振玉遵从"不出版则死亡"的学术生存法则，以艺术交易来支撑学术出版，在东瀛日本完成"传古"的神圣使命。对此，他的同道王国维曾有精辟的提示：

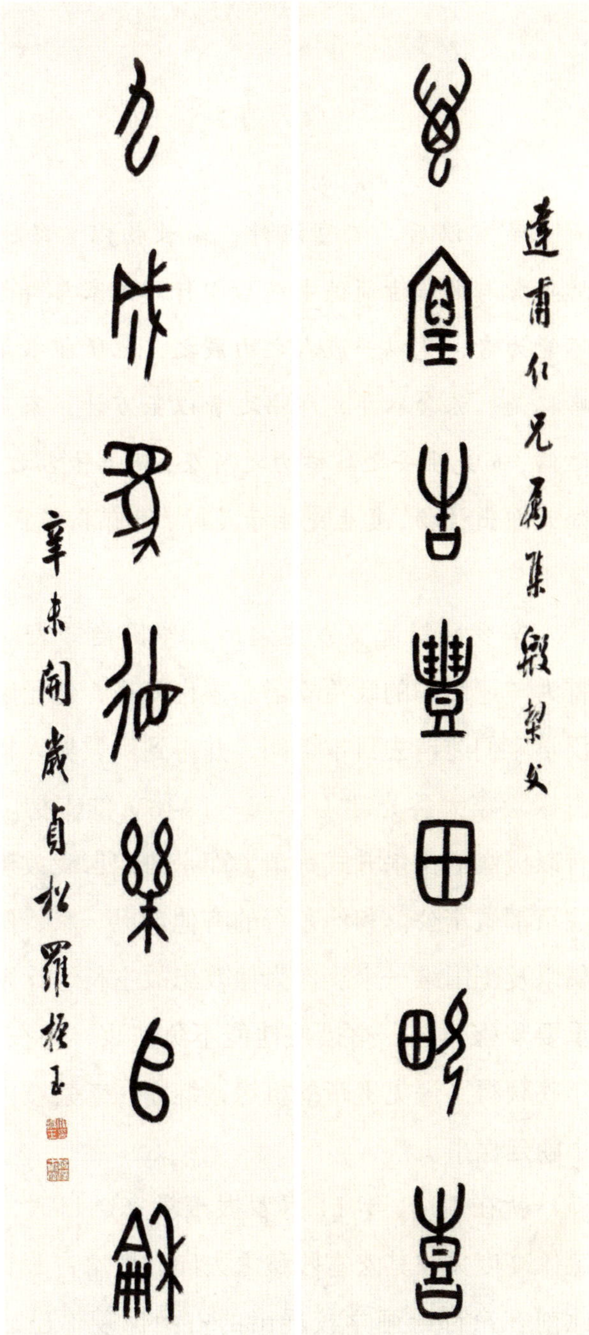
達甫仁兄屬集殷契文
辛未閏歲貞松羅振玉

辛亥以后，流寓海外，鬻长物以自给，而殷墟甲骨与敦煌古简佚书先后印行。国家与群力之所不能为者，竟以一流人之力成之，他所印书籍，亦略称是。旅食八年，印书之费以钜万计，家无旬月之储，而先生安之。举力之所及，而惟传古之是务，知天即出神物，复生先生于是时，固有非偶然者。[8]

辛亥武昌起义发生之后，罗氏当即表明了他誓为“遗民”的政治立场。事也凑巧，他已应京都汉学家们邀请去日本访问，并得到佛教界人物兼考古探险家大谷光瑞（1876—1948）的支持。他没有以极端的自杀方式殉清，而是决定自我放逐，前往京都做寓公。和他东行的有他自己一家、他的亲属以及王国维一家。作为他效忠故主长远计划中的重要步骤，这一举措使他能不负初衷，终在1922年底获得了谒见逊帝的机缘，继而在紫禁城内为其小朝廷谋事。[9]

就在1911年11月罗振玉举家赴日时，两国媒体高度关注其宏富收藏之去向。日本古董界对他此前在京都绘画学校展出的古画惊羡不已，[10] 将其视为与盛宣怀（1844—1916）、程泽山（1861—1911）、端方（1861—1911）、完颜景贤等齐名的收藏大家。[11] 而中国方面则更看重其藏书和其他古物，报道说："清之北京农科大学监督罗振玉为金石有名大家，现因革命军起，以湖北杨氏所藏金石学书 20 余万卷，恐已遭劫，故罗氏遂携二十年来所搜集之各种古玩宝物，离去北京。闻受某日本（人）运动，乃将一切尽行搬运日本托京都大学为之收藏，此珍贵之宝物，将来恐归日本之手矣。"[12]

在京都期间，罗振玉脱离了和国内外所有组织机构的关系。他坚决辞退了民国清史稿总监让他担任编修的邀请，[13] 也婉言谢绝了京都帝国大学校长请他担任中国文化讲师的聘任。[14] 除了和他的学术伴侣王国维过从密切以外，罗振玉也不常和日本汉学家来往。[15] 独立于各种社会组织，罗成了自我雇用的"遗老"。以此天赐良机，他做了一回政治上的"闲人"。[16] 在抵达京都一年后，他就开始在其寓舍永慕园中着手建造大云书库，将其暂时寄存在大学图书馆的藏书等移入，做长久侨居的打算。[17]

正是这份难得的清闲，使他能够全身心地投入到学术探索和出版工作中。[18]前揭20世纪初的五大学术进展，在很大程度上，和罗振玉所收藏的古物直接有关。[19]他也深知其藏品所具有的学术和市场的双重价值，所以因地、因时、因人制宜，展示出过人的实业家的精神以及处理个人家事和其它俗务方面的才干。作为学者、编辑、出版人、收藏家、书法家、鉴赏家、艺术中介人、慈善家，特别是遗世独立的旧皇室的“忠臣”，罗振玉雇用了王国维和亲属作为助手，在国际艺术市场中寻求生存和发展的可能性，通过整理、研究和出版其著作及藏品，为中国现代学术的繁荣做出了直接的贡献，并赢得世界的声誉。

值得一提的是，罗振玉是中国开始收藏、研究和出版甲骨文献的少数几位学者之一。1899年，这些曾被用作中药的“龙骨”上的刻画痕迹，被王懿荣（1845—1900）鉴定为古文字。1900年，“义和团事件”中，王懿荣在北京殉清身亡。他的甲骨收藏遂为刘鹗（1857—1909）所得。而罗振玉也因为和刘的姻亲关系，非常关注这门绝学。[20]1909

年，罗振玉派北京琉璃厂的古董商到安阳去收集甲骨，一年之中，得到上万片。1911年，他派儿子和妻弟去安阳，在那里又得到两万片甲骨。端方曾有计划赞助这些藏片的出版，但辛亥革命前，端方被刺身亡，这个计划也因此夭折。于是，这项出版活动在罗氏定居京都之后，立刻摆上了工作日程。其重要性，可以用他在1915年4月30日对安阳小屯的实地考察后的感言来说明："天不出神物于我生之前，我生之后，是天以畀予也。举世不之顾，而以委之予，此人之召我也。天与之，人与之，敢不勉夫。"[21]就是在这个历史名城，中央研究院13年后进行了历史性的系统的田野考古发掘。

让罗振玉感到庆幸的是，他能以有限的财力来实现一个探索中国文明起源的历史使命："吾平生所至辄穷，独于文字之福，远迈前贤，非乾嘉诸儒所及。"[22]在他年轻时，因家贫无力购置金石拓片。他便与古董商借阅拓片，20钱一件，集腋成袭，由此开始他学术研究的生涯。[23]在他成名以后，其财力依然无法与国家、私人财团或专业艺术经营者相比。到日本以后，他更是失去了各种专业机构

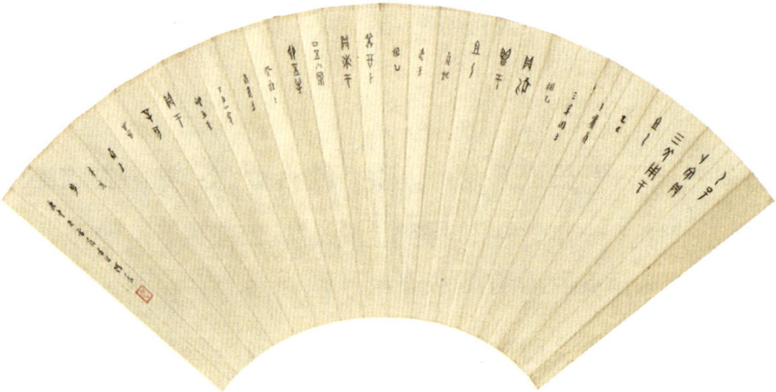

的依靠，也无俸禄可言，全凭他的藏品来维持生计与学术。作为出版家中的“笃古”之士，罗振玉区别于“逐利”或“好事”之辈，就在于他对其藏品学术价值的器重。[24] 王国维强调说，只需列举三种文献，就可以看出其过人的成就：《殷墟书契前后编》（1912年和1916年）、《流沙坠简》（1914）、《鸣沙石室古佚书》（1913年和1917年），因为它们是“有功于学术最大者”。

罗振玉能独立完成几项“国家与群力之所不能为者”，端赖他控掌市场诸多因素的能力。关键的一点，是他非常清楚发挥其收藏品的市场价值。他将大量资源投放在古画和出版可能盈利的出版物上。他深知出版业面临的挑战：学术出版物并不总是盈利的，因为市场上走俏的读物，往往和纯学

罗振玉书甲骨文扇面
采自人民美术出版社《中国历代经典碑帖·近现代部分·罗振玉卷》

术无关。[25] 所以，他必须敏锐地抓住日本市场上畅销的选题，并及时推出自己的藏品，以补助纯学术出版物的耗费。1914 年出版的《王仲初仿宋元山水册》就是这样的例子。由于属于影印类书籍，一般罗振玉传记中通常对此忽略不提。[26] 王建章是 17 世纪的福建画家，在中国几乎很少有人知道。但在日渐升温的日本市场上，王建章突然成了 20 世纪初日中收藏家所推崇的文人画家。[27] 在这些推崇者中，有辛亥以后也隐遁日本的廉泉（1868—1931）。仿效廉泉在日本推出的源自江南宫氏旧藏的《王建章扇面册》，罗振玉将其所藏的 24 开传为王建章山水，请日本的出版代理商小林忠治郎（1869—1951）影印出版。罗氏在跋文中称：

王仲初山水传世甚少，故不见于书画记录，惟《画史汇传》据《泉州府志》，谓其善写生而已。此册为江南宫氏旧藏，皆为仿宋元人笔，深秀渊雅，有士气，在国朝诸家中亦为高手，惟工于摹写自运者，或不逮耳。予尝爱高澹游小品，谓娟雅似渔洋山人诗，吾于仲初亦云然。[28]

他还为该册隶书题签加以包装，以助营销。[29] 从1916年起，罗振玉真正是“只手”成就了他一生中学术出版的黄金时代。因为这年1月4日，王国维离开日本，返回上海接受了主持《学术丛编》的工作。51岁的罗振玉让所有学术界的人对他在这一年中的收获肃然起敬。以下的书单，代表了他在相关领域中出色的现代学术水平：

三月：《南宗衣钵跋尾》《古器物范图录》《金泥石屑》《历代符牌后录》；四月：《殷墟古器物图录》；五月：《殷墟书契待问编》；六月：《高昌壁画菁华》；七月：《石鼓文考释》；八月：《古镜图录》《邺下冢墓遗文》；九月：《墨林星凤》《隋唐以来官印集存》等。

根据这份骄人的出版纪录[30]，我们有理由设想他在日本的前五年有很不错的艺术买卖活动。所幸的是，在《罗振玉王国维往来书信》中有关于罗、王1916年经济收入的信息，可以重现他靠古画收藏来维持工作和生活的细节。他希望王国维能重回京都做他的学术伴侣，并为他自家和王国维一家的生活安排作了细心盘算。[31] 在

元　王蒙《葛稚川移居图》
纵一三九厘米　横五八厘米
纸本设色　故宫博物院

1916 年 10 月 1 日致王国维的信中，“深盼公能来此，为白头之邻。”他估计如果他自家和王家共同在京都生活的话，如果有 4000 日元，就可以过得比较舒适了，[32] 并向王国维承诺，“二千之岁费，甚易致也。”[33] 通过“二千之岁费”这个数字，可以分析罗振玉年收入可能的几个来源。罗、王两人都在故里有田产。[34] 罗振玉没有提到是否像王国维一样投资股票，[35] 但他却在古画方面投入了超过一万元的资金。[36] 无论怎样，他的田产和市场收入显然保证了他有稳定的经济基础去成就他雄心勃勃的文化产业。卖古画增进了他的年收入，其积极的成效反映在他愿意在 1916 年花费大量经费在出版纯学术著作方面。譬如，为了出版《殷墟书契待问编》，他将倪瓒（1301—1374）的山水 [37] 和饶介（？—1367）的书法以 2000 余元的售价出手。

就这样，罗振玉努力通过各种业务关系网来和命运抗争。他 1916 年在出版方面的成功业绩，代表了现代中国学术的主要成就。的确，罗振玉有充足的理由为自己所取得的业绩感到骄傲。如同他在《五十日梦痕录》和其他著作中所自叹的，他竟然完成了常人难以想象的“传古”使命。

罗振玉对“南宗画”的推销及其市场

综观罗振玉寓东期间古画收藏交易活动的细节，可以看出“南宗画”是其重中之重，也是他在日本艺术市场上自开生面的主要途径。[38] 因为在辛亥之际，日本的收藏界和学术界开始接触像他这类传统的中国收藏家所重视的南宗绘画。1916 年《南宗衣钵跋尾》的问世，使他在日本精英阶层中赢得了作为收藏家和鉴赏家的极高声誉。如同高居翰教授注意到的，在海外中国古画市场中，“日本人的眼睛就很尖”，很容易识别用好的明画所冒充的宋画或宋以前的绘画，“但他们却依然被精致的‘南宗画’的摹本或赝鼎所糊弄，因为那对他们来说还是很新的内容”[39]。除了前揭以出版作为自我推销的手段，[40] 罗很注意和一些有财力的收藏家保持个人的关系，包括为上野理一（1848—1920）的“有竹斋”和小川睦之辅的“简斋”的题跋。这些藏家是罗振玉展开南宗画古画买卖的第一批赞助者。[41]为吸引更多的市场关注,《南宗衣钵跋尾》由著名的汉学家长尾雨山（1864—1942）以东语本刊行。在长尾的序言中，罗振玉以一个崭新的面貌出现在日本收藏家的圈子中：“君藏六朝人雪图，近获王右丞、董北苑画雪卷，因又号雪堂，岂托焉以寓皎皎之意耶。”[42]

《南宗衣钵跋尾》自序云：“予不揣谫陋，取古今名迹，在天壤间者，类次为《画苑珠英》。山水树石，位居第二。又分山水为甲乙两部。以阐明南北两宗。此编所载，并是南宗之秀。”旅日期间，他反复向王国维提到要编纂更多的这类藏画目录，以推进南画的销售。[43]1916 年 10 月 1 日，他声称已经查验了全部藏画，“尚得六百余帧，较未售以前所藏，有过之无不及，其尤精者三之一，尚得二百帧，足以娱老矣”[44]。在此后不到一年的时间里，他连日料理书画，“目中所载，计千二百卅件。”[45]1918 年 6 月,他“拟以长夏编订《书画录》,

以销永昼。大云书库所储，斥鬻之余，尚存于两百帧，拟选泰半入录”[46]。这些含糊不清的数字，可能是将他所收藏的古画和他其他收藏品连在一起计算。不论实情如何，有一点很清楚，即罗振玉从未停止对古画（主要是“南宗画”）的投资，所以其数量，按他的说法，没有递减，反而递增，由此保障其经济上的自立。

罗振玉努力地营造传播“南宗绘画”的海外市场。他曾坦言：“购书画本买卖事也。”[47]从事专项的“南宗画”收藏是既盈利又充满风险的买卖。凭有限的财力，罗振玉需要通过几个渠道来购取、保存、出手和重建他的“南宗”绘画收藏。有时，罗愿意借钱来投资古画和别的古董，作为短期或长期的投资。[48]他为此不得不考虑其收支平衡。如在1914年4月回上海期间，他看到古画的行情不仅市价便宜，而且“好画甚多，罄囊不能购十一”，因此他很为难，称：“此行又须负债，如何如何。”[49]

像多数收藏家一样，罗振玉从事古画买卖大都依靠职业的画商。上述他在沪短暂逗留期间，就在画商掮客那里看到一大批很好的古画。[50]可以说，罗振玉流亡日本期间转手“南宗画”就主要靠这批画商。他在上海的业务代理头几年就是汲修斋古玩行的程冰泉[51]、程金生兄弟。《时报》1912 年 5 月 15 日刊登有“汲修斋三马路朝宗坊口收古玩经理人程秉泉广告”，显然是在配合罗振玉的海外业务。我们从程氏兄弟和罗振玉之间的几笔生意，可以看出这一关系的主要特点。

程冰泉有特殊的广东网络。19 世纪前期，岭南由于有经营海外贸易的“十三行”，书画收藏风气极盛,出现了五大著名收藏家。[52]鸦片战争以后，这些行商纷纷败落，其藏品也大量散出。[53]程冰泉通过这个网络，为其主顾们收购到一些价位很高的书画名品。以 1916 年至 1917 年为例，他曾数次去广东办货。1916 年 5 月 20 日，他回沪时宣称，此行所得佳作就包括元人王冕（1287—1359）的《梅花图》手卷，索价 400 元。[54]1917 年 1 月 5 日，王国维在汲修斋看到程氏由广东征集的两幅南唐董源的山水，[55]其中立轴索价 1200 元，手卷 2000 至 3000 元。[56]1917 年 1 月 13 日，在准备

元 王冕
《墨梅图》
纵三二厘米
横五一厘米
纸本墨笔
故宫博物院

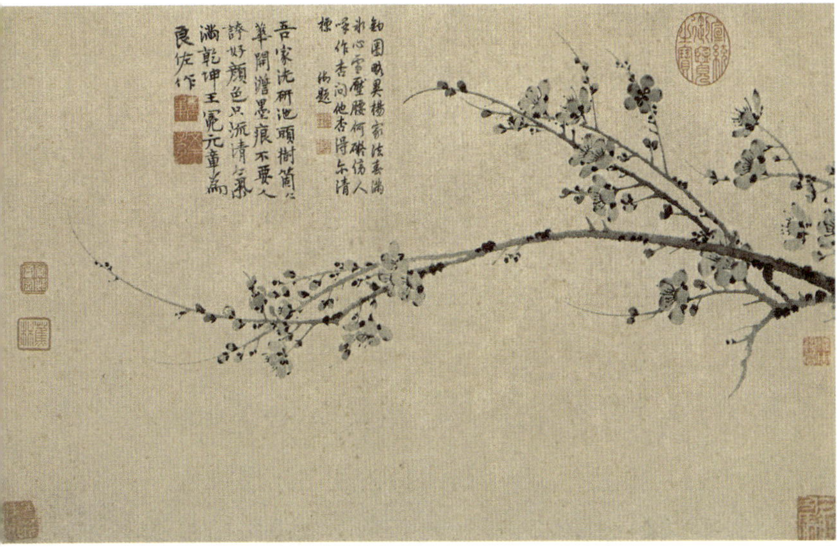

再去岭南之前，程氏告诉王国维广东有唐代画家吴道子的绝品。[57]

通常情况下，这些古画要邮寄给罗振玉过目，如前揭王冕的手卷就于 1916 年 6 月 4 日邮给罗振玉。有时，则由程金生带到日本让罗氏审定。或者，由罗氏的亲属从上海携至京都。在这个过程中，程氏兄弟可以不断地讨价还价。因为托运和手续费也不便宜，加上程氏兄弟在海关没有熟人，其中有一次验关费竟高达百元。这些额外的开销，直接影响到罗振玉的海外业务。他向王国维抱怨道：“沪上售画，较海外之展转函商，便利多矣。”1916 年 7 月 13 日，程冰泉又提出要求加价。1917 年 2 月 7 日，可能由于程氏兄弟之间分配不均，引起纠葛，致使罗振玉决定与其决裂，终止与汲修斋的业务往来。

罗振玉和职业画商的联系，并不只限于汲修斋。他本人与上海“南画”收藏家的关系也是重要的进货途径。而于 1916 年初回到沪滨的王国维也成了他经营古物的业务搭档，参与到“南画”的收藏交易活动中。王国维每年在上海的生活开销大约 1500 元，因现实所迫，勉为其难地充任其事。[58] 多数情况不理想，只有一次算是皆大欢喜，即王国维 1916 年 8 月 16 日到 9 月 12 日之间，从旅居上海多年的广东收藏家邓实（1876—1951）手上买到的几件“南画”。8 月 27 日，王国维兴奋地向罗振玉报告这笔交易的进展：“现此二幅已令渠寄东（因渠处报关颇熟，有时不要税，有时每幅仅半元，恐生手或办不到。故即令寄。现不经海关验过，日邮局不收也），俟公信收到后，此间即付款也。此二画到东大约有可售之望，则维算见一面耳。”这两幅画，一为元代末方从义之笔，二为清初恽寿平（1633—1690）所作，与“四王”之一的王翚（1632—1717）画作一同寄往日本。[59]等交手完成后，邓实拿到640日元，折成中币616元，还付了王国维16元佣金。[60]不论这些画的实际价值如何，罗、王两人都还满意，直接向上海的收藏家买画，不但省去了手料费，而且更为便利。

在消除职业画商作用方面，罗振玉甚至想通过王国维，打“遗老”如沈曾植（1850—1922）的算盘，从他们手中收购古画。[61]可是直接和收藏家打交道，不如意的情况居多。譬如从1916年8月29日起，罗氏开始对某位清代官僚和收藏家身后留下的一批藏画发生兴趣。在与藏家眷属的讨价还价中，罗振玉得到的价目单和上海画商传给他的价目单没有什么两样，表明他并没有垄断这项业务的实力。[62]在多数场合下，他不具备控掌全局的条件。因为其财力是无法与汲修斋等掮客的大主顾们同日而语的。[63]

此外，罗振玉从流亡海东之时起，就为前清

遗老代理在日本出售古物，从中收取百分之二十的佣金。通过这个渠道，他也收集到不少珍贵的“南宗”绘画。[64]但如何从国际环境中维系其生财之道，绝非易事。其简单的公式，就是如何以低价收入“南宗画”，再以高价在日本市场出手。王国维1916年做了近一年罗振玉的搭档，对中介人的难处颇有体认：“买卖书画诚是不易，不独画之精否真伪难以聚决，即于价之操纵亦非易事……售事亦难……”[65]

另一方面，罗振玉和他的日本主顾之间的关系也变幻不定。到日本头几年，他对那里的市场持乐观态度。1917年后，其信心开始减弱。这年元旦，罗振玉向王国维谈到日本市场的这个转变：“阪商竟无多购画者，今岁较往岁不及五分之一，东京则略活动。”[66]这表明，到1916年底，中国古画主要在经济发达的大阪一地销售。正如他早先对王国维描述的状况，在日本出售其他商品货物不容易，但“南宗画”却是一个例外。[67]

生活在京都，罗振玉要仰仗京都、大阪等地的日本画商为其张罗业务。在这些画商中，大阪博文堂主人原田一家起过至关紧要的作用。[68] 这些画商的手续费通常是百分之二十。个别场合下，百分之三十到四十的抽头也可能发生。[69] 尽管如此，罗振玉还是能够从他出手的“南宗画”中获得很大的利润。正如原田悟朗经历过的,先前所谓“古渡”而来的中国画，主要是为了迎合日本审美趣味（例如煎茶道）的装饰需要。[70] 而罗振玉所推重的“南宗画”，则强调了文人的艺术精神，与之形成了明显的对比。正因为这种地道的中国“文人画”传统，使罗振玉在旅日的头几年能很好地操控市场。1916 年 9 月 3 日，罗振玉向王国维讲述了这样的一段有趣经历。他写道：

今日博文堂主人来，见壁上悬方壶（方从义）画，询所从来，弟告以乃公以九百五十元购之（弟定此画价为千二百元，去油谷二成，正得九百六十元也，故先为此伏笔。恽画甚精而不能得厚利），托弟鉴定者。渠问售否，弟答以恐未必售，但此次须留观，并影印入《南宗衣钵》（第四册）（此亦一机关）。渠乃啧啧叹赞而去。现在售物，非多加曲折不可。若渠交与寄售，便不出奇矣。异日若再以售卖之说来，当令渠迳遗书商之左右，请答以用九百五十元购得，罗先生欲见让，已允之，请迳与罗商可也。如此则弟交渠售之，乃较有力也。[71]

这一例子说明罗振玉长于实业操作，通过在沪上以 600 元从邓实手中购入的三幅画，到日本转手后以 950 日元出售其中一幅，由此获得可观的利润。

像这样收益颇丰的买卖，罗振玉当然不可能独事其成。1916 年 11 月 5 日，他在给王国维的信中，承认了与日俱增的市场竞争压力：

此次东人山本在沪购画三万元，昨请往其寓看画，出购价单相示，除从庞莱臣（庞元济，1864—1949）处购三吴（历）、恽（格）、汤（贻芬）、戴（熙）以外，其购之市肆者，价或奇廉，有非意料所及者。弟平日购画，价本不廉，常例东人应贵于弟，而反较弟为廉。此可见近日沪市市价之衰蔽。以后东人购画价又低落，东道梗矣。[72]

带讽刺意义的是，山本请罗振玉看画，只出示了他在上海所得的“南宗”作品。而对同一买卖，王国维则报告了他在上海得到消息：

今日见程冰泉，其人尚未赴粤……冰泉言山本悌二郎在此购画约三万元，以千二百元得一戴文进，又虚斋之董文敏、王烟客二幅，以三千元购之，沪上恐久无此华客矣。[73]

在日本收藏家和中国画商的直接交往日益频繁之后，中国古画（特别是“南宗画”）的市场也就非罗振玉一个人所能垄断了。

罗振玉在日本的艺术市场中打开“南宗画”的新局面，通常以个人的交易方式来完成。在东京美术俱乐部的入札目录中，尚未发现有罗振玉介入这类职业画商举办的拍卖活动的记载。[74] 在一次流产的赈灾义卖活动中，罗振玉或许和这类拍卖活动有过关系。开始筹备该义举时，他充满信心。1917 年 11 月 14 日，他估计“若果成，当得十万元。然除手数料二成，又改日币为中币，但能得

清　戴熙《云岚烟翠图轴》
纵一一二厘米　横六五厘米
纸本墨笔　青岛市博物馆

五万余耳。”[75]可是事情并没有他预料得那么理想。到12月8日，罗振玉提到这项善事，说“东京售物竟成子虚，乃在京阪售之得万元，以后不知尚可望否。合计先后所得二万一千余元，除去手数料，实不及二万元，然精华失去不少矣”[76]。其中包括他所收藏的传为唐代王维的《雪图》。[77]

随着国际环境的变化，罗振玉的艺术交易也和欧美的古画市场联系在一起。[78]在他的业务关系网中，也有专长经营欧美中国古画市场的内行。[79]当他想到一些无款古画在另外的交易中的情形，便会自然而然地联系到一些在美国市场出售的作品。[80]在第一次世界大战期间和之后的一段时间里，国际中国古画市场发生了很大的变化，罗振玉在这方面的介入也明显减弱。除了1918年出版了《二十家仕女画存》外，他的主要兴趣又转回到社会活动方面。1919年春天，罗振玉结束了亡命海东的生活，回到天津定居。为了挽留他，日本友人曾提议另外再为他在京都建一座别墅，还有给他提供月俸的。[81]但这些都被他婉言谢绝。他重新致力各种效忠逊帝的政治活动，并在1922年底进入紫禁城尽其辅佐旧主的职分，然后又随逊帝播迁天津、东北，终了其生。

“雪堂”作为“遗老”形象的深刻悖论及影响

罗振玉选择以自我流放的途径来表达对逊帝的愚忠，并克服种种阻扰来实现“传古”的文化使命。他在京都的艺术交易，体现了他在开放的国际中国古画市场上曾经起过的重要作用。罗振玉1919年后寓居天津的生活，反衬出他在国外自给自足的生活状况。1920年6月7日，他在给王国维的信中讲述了两者的明显差别：“此间近来将售物度日，而售物之难，又十倍于海东。宋元本书卖去，又卖去宋元画数帧（宋拓帖数种），皆至精者，则更不及海东之得价。”[82] 从1919年到1940年，罗振玉还是用以文养文的方式出版各种书籍，但其规模和品质，却再也不能和他在京都期间所取得的成就媲美。这也说明，如果没有介入国际艺术市场的冒险经历，罗振玉恐怕是难以实现他宏大的“传古”抱负的。

在此上下文中，“雪堂”作为罗振玉的“遗老”形象，不仅是现代中国学术界著名的斋号之一，而且也是国际中国古画市场上富有争议的象征所在。[83] 综合考虑罗氏在京都流亡期间的“遗老”身份、一流的学术成就和兼营“南宗”绘画的商业活动，“雪堂”所呈现的深刻悖论与矛盾形象表现在以下三个方面。

首先，作为收藏家，“雪堂”的出典就是一个悖论。看其《南宗衣钵跋尾》卷一目录：“六朝《雪山图屏条》（无款，开元御府藏，杨升鉴识押署）[84]、唐《雪山朝雾图》（上虞罗氏雪堂藏）、王维《江山雾雪图卷》（宣和御府旧藏[85]）……五代……《雪峰图立帧》（无款，今定为李成）。”而长尾雨山序文，进一步加以发挥：

昔者吴杜村，每年始下雪之日，以所藏王摩诘、刘松年、盛子昭、文衡山、恽南田五家雪圈，并陈

北宋　李成《晴峦萧寺图》
纵一一一厘米　横五六厘米
绢本设色　美国堪萨斯城纳尔逊·阿特金斯艺术博物馆

几上，衣冠拜之，有‘一时卧看五朝雪，顷刻论交千古人’之句。君抗心希古，固过杜村，而其好尚相似，亦已奇矣。

如果说清人吴杜村只是痴迷唐宋元明清“五朝雪图”，他或许还有几幅可信的晚近作品。而罗振玉“雪堂”所藏的“上古”（六朝至唐五代）、“中古”（宋元）《雪图》，虽然都归属于董其昌等人提出的“南宗”一系画派，却无一可以征信。但他却以所谓“六朝”《雪山图》为“天下有一无二之至宝矣。爰名吾斋曰雪堂，以识欣幸”[86]。就收藏家的立场看，如果不是罗振玉自欺欺人，“雪堂”的出典难以自圆其说。

显然，按照长尾的诠释，“雪堂”超越了收藏家的立场，而具有政治的象征性。

辛壬之际，君遭国变，抱夷齐采薇之节，体宣尼乘桴之志，浮海避世，卜居平安。衡门茆屋，环堵肃然，名园曰永慕。以倦倦故主，而日抚金石书画，与古相期，自慰无憀，其志可悲也。

在此语境中，“雪堂”足以“寓殷殷之意。”[87] 或者更上一层，“雪堂”是慈善精神的表征。当1917年罗振玉出让他的一幅《雪图》以赈济华北灾民时，沈曾植赞誉道：“罗君藏有唐年雪，挥手能疗天下饥。”[88] 通过出售他的艺术收藏与他本人的书法作品，“雪堂”象征着罗振玉对灾民的同情之心。

其次，作为学问家，“雪堂”的绘画研究方法充满了悖论。总结近代三百年小学的成就，罗振玉从语词和图像两个方面探索中国文明的起源，在甲骨文字和殷商文化研究这个新的学术领域，做出了开创性的贡献。他也将同样的方法应用于中国早期绘画的研究。在1916年2月19日，在为王维的《雪溪图》卷作题跋之后，他概述了其考据方法：“近读唐人画录，颇有所得，知一切学术，非从最古书籍读起不可。”[89] 这一方法用来解读所谓六朝、唐、五代和宋朝的几幅“雪图”显然是不够的。尽管在此过程中，他参考清人吴修《论画绝句》[90]，具体分析了书画史上的一个疑案，即晚明松江人张泰阶系统伪造书画的问题。他在一则题跋中指出：

近来收录藏家笃信著录品，然以予平生所见，著录品中，伪迹不少，且或以模本为真，致世人遇正本，反以为赝者。然此但可给耳食者耳，真鉴之士，自以目验为新也。[91]

问题是，如果比较张泰阶的《宝绘录》二十卷和罗振玉的《南宗衣钵跋尾》，两人在书画作伪方面多有相似之处，而在将藏品托伪为“上古”之作这一点上，后者更是有过之而无不及。

与此同时，谁也无法否认“雪堂”是现代视觉研究的先行者。罗振玉重视把文字和图像一起加以考察。在 20 世纪前期中国学术的各个重大成就中，这一方法使得罗振玉能从西域丝绸之路和其他地区的美术考古文物中得出新的启示。[92] 除了将其藏品和传世的早期作品如传为顾恺之（344—406）《女史箴图》（伦敦大英博物馆收藏）等进行比较外，[93] 罗振玉一直在寻找古代壁画作为鉴定传世的早期卷轴画的实物参考。他率先和国际上杰出的汉学家如法国的伯希和（Paul Pelliot，1878—1945）、日本的大谷光瑞等直接交往，并通过他们接触到英

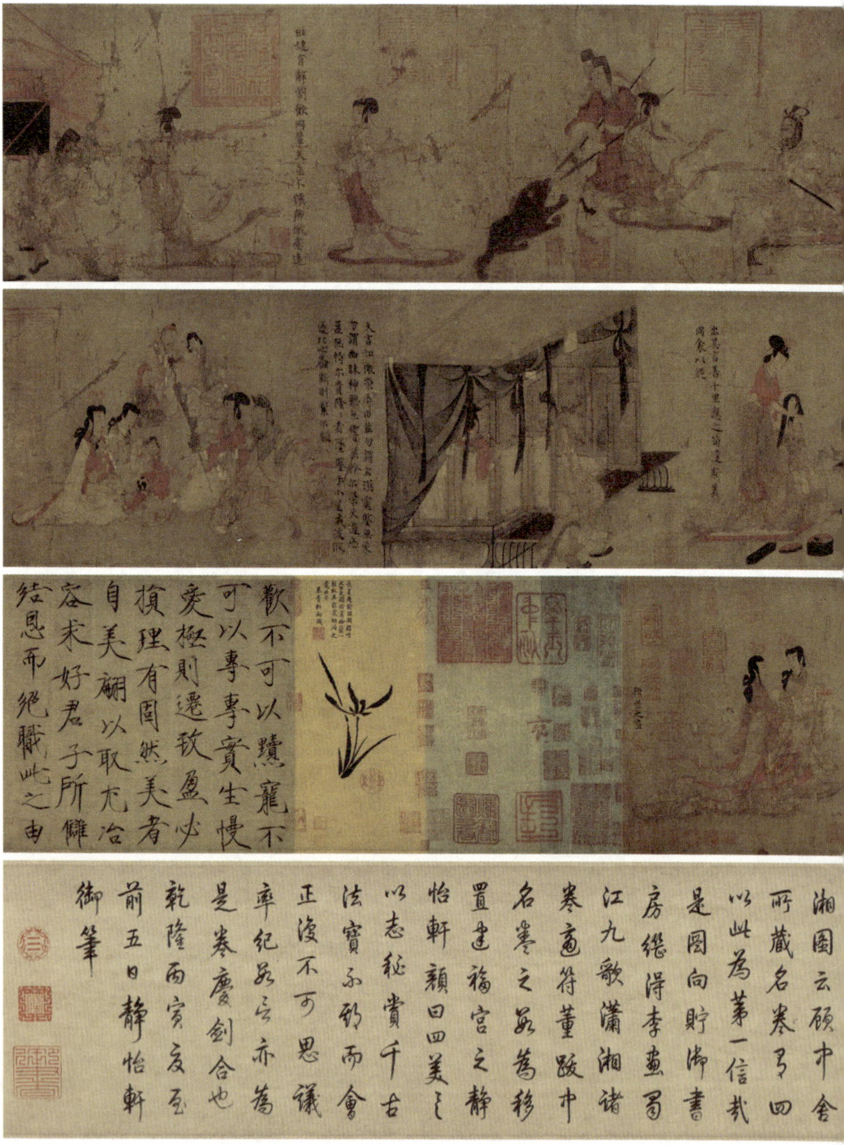
歡不可以黷寵不
可以專專實生慢
愛極則遷致盈必
損理有固然美者
自美翩以取尤冶
容求好君子所讎
結恩而絕職此之由
湘圖云顧中舍
所藏名卷子四
以此為第一信哉
是圖向貯御書
房繼得李畫蜀
江九歌瀟湘諸
卷適符董跋中
名卷之數為移
置建福宮之靜
怡軒顏曰四美
以志秘賞千古
法寶不期而會
正復不可思議
率紀數言亦為
是卷慶劍合也
乾隆丙寅夏至
前五日靜怡軒
御筆

东晋　顾恺之
《女史箴图》
（唐摹本）
纵二五厘米
横三四八厘米
绢本设色
英国伦敦大英博物馆

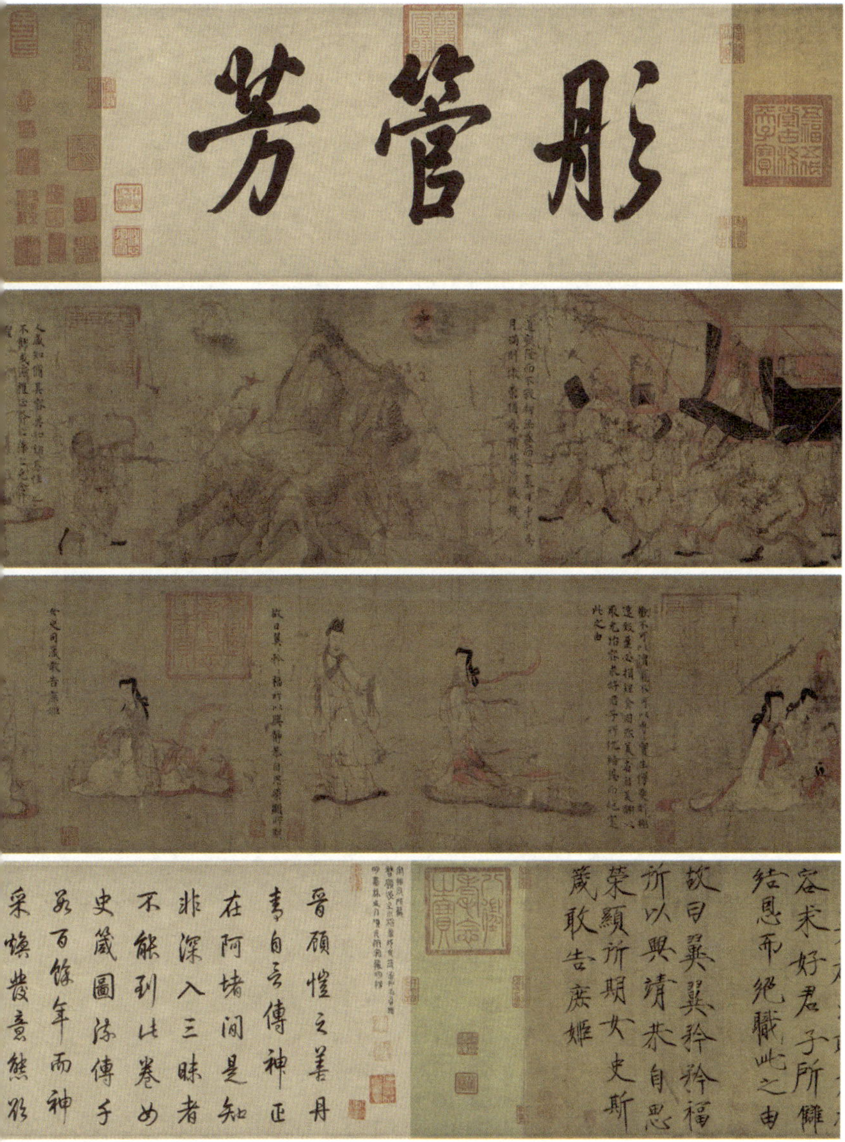

国的斯坦因（Marc Aurel Stein，1862—1943）、德国的勒柯克（Alb von Le Coq，1860—1930）等探险家在西域获取的古代画卷、壁画珍品，出版了《高昌壁画菁华》，不仅向中国学术界介绍了这些他梦寐以求的考古发现，[94] 而且还通过其长子罗福苌对西北地区消失民族的语言文字的翻译，开拓了崭新的局面。[95] 在早期研究甲骨文的“四堂”[96] 中，“雪堂”的视觉研究方法和“鼎堂”郭沫若稍后对中国古代社会的研究有异曲同工之妙。“鼎堂”是直接得益于对米海理司（Adolf Michaelis，1835—1910），《美术考古一世纪》的研读和翻译，并重视在图像学方面的考察。[97]

最后，“雪堂”作为鉴定家的化身，同样充满悖论。这悖论和罗振玉倾其心力所从事的古物交易互为表里。1940 年，罗振玉去世，得到了任何遗老梦寐以求的最高荣誉，即逊帝溥仪赐予的“恭敏”谥号。然而，无论罗本人对旧主是何等的“愚忠”，溥仪在 1964 年《我的前半生》自传中，却对罗的人格作了负面的评说。[98] 对此，王国维早在 1916 年 12 月 28 日致罗振玉的信中，已提到了来自紫禁城内遗老们的流言，称“京师来者皆言公在东大发财，此亦其一也云云”[99]。1943 年，他的第一部传记作者也暗示了这种流言继续蔓延的理由。

先生自己亦好收藏，故凡旅行一地，必载其珍品而归。平居无事，复详加考证，题跋盖印。但虽好为收藏，并非永久保存，仅求于研究学术上获有成功时，即举以出售，于是雪堂所藏之古物，遂时时流出市间。声名既重，故不分国内外之嗜古家，凡见有先生亲笔题识，或盖有印鉴者，莫不争相购买。以此先生之亲友凡有收藏者，亦皆以求得片语数字之题识为荣，但先生非常慎重，倘非真且精者，决不轻易题跋也。[100]

不难想见，“雪堂”这个具有特殊商业价值的名号，便是逊帝对罗振玉有先入之见的重要原因。[101]

在日本，“雪堂”的名声也毁誉参半。被他一度用来左右市场价格的鉴定功夫，在日本的画商和收藏家中间，使他名利双收。1943 年，《罗振玉传》的作者就提到古物鉴定如何成为罗振玉从事其文

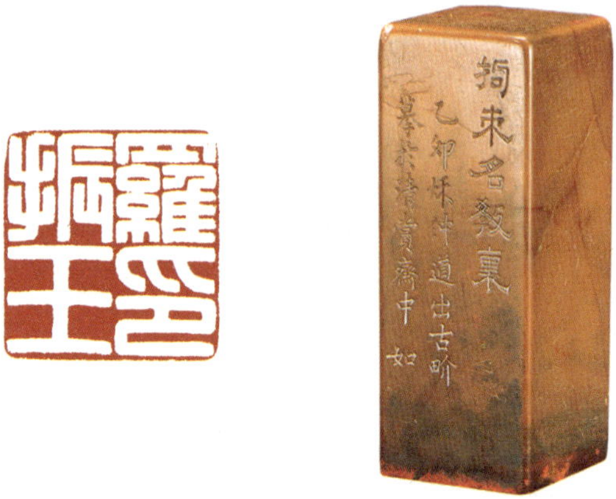

罗振玉自用印

采自人民美术出版社《中国历代经典碑帖·近现代部分·罗振玉卷》

化产业的重要手段。[102] 他对客户要弄的经营手腕，特别是 1916 年他通过出版《南宗衣钵跋尾》让日本的名流上当受骗的行径，终究还是被人识破，致使日本的收藏界逐渐排斥大量传为大名头的中国文人画，[103] 其市场需求也随之顿减。[104]

另一方面，“雪堂”这一形象在 1916 年和《南宗衣钵跋尾》一书同时问世，其认知作用是很重要的。如果说“观堂”象征着王国维在现代审美观念史上高标独立的话，那么“雪堂”的出现则开了日中文人画复兴运动的先河。因为20世纪20年代初日本出现的“文人画复兴”运动，直接得益于罗振玉在日本促销“南宗”绘画的努力。日本学人从“雪堂”去追索王维一派的画风，认识中国文人画强调自我表现的悠久传统。[105]正如事后由黄宾虹（1865—1955）在《沪滨古玩市场记》中注意到的：

自上虞罗氏侨日本，提倡宋元“四王”之画，以为远过明贤，日人收藏之家，皆欲得之。[106]

很清楚，由于日本收藏界开始认识中国文人画中“南宗画”这一传统，日本的画坛也随之呼应，有大村西崖《文人画之复兴》的专著，将这一传统与德国等欧洲国家出现的表现主义运动融为一体。陈师曾立刻将该书译成中文，并撰写《文人画之价值》，于1922年以《文人画之研究》为题，在中国国内发行。这对上海的中国画复活运动产生了积极的作用，并进一步响应西方的现代主义艺术潮流，而这些又继续使欧美市场对中国古画需求升温，由此形成良性的连环式反应。

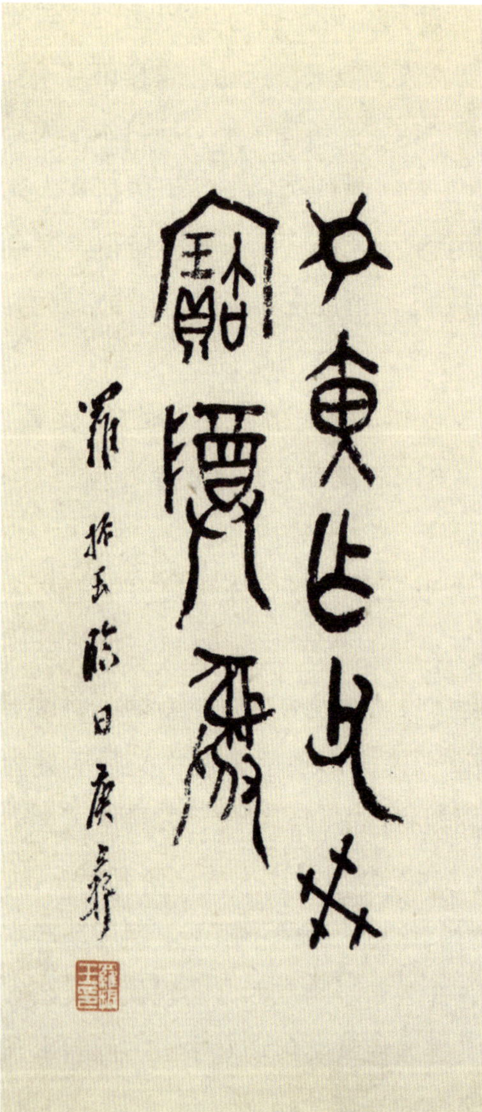

从“雪堂”这一“遗老”形象所呈现的深刻悖论，可以清楚地看到，罗振玉之所以能够达到如王国维、郭沫若所称道的一流学术成就，是和他转换其在中国现代史上的语境直接相关的。假使他和王国维在京都一直为“白头之邻”，其学术的建树应该会更加显著，然而，这绝不可能是这些“铁杆”遗老的终极选择。王国维于1916年初便返回上海。罗振玉三年之后定居津门，以达到效忠逊帝的目的。对罗振玉、王国维而言，国内的现实环境使这些“遗老”更难摆脱其所面临的无数悖论。王国维决定以沉湖自尽的极端形式保持了名节，而罗振玉却因为顺从出任满洲国儿皇帝的旧主，走向历史的被告席。正因为如此，罗振玉的京都岁月在现代学术史上具有特殊的意义。由于暂时远离中国的社会矛盾，罗振玉这位政治“闲人”能够鬻长物以“传古”，完成划时代的文化使命。特别是罗振玉通过在海外艺术市场大力传布“南宗”画，在帮助建构起中国现代学术事业主体的同时，丰富了日本人认识“南画”的态度，并对中日文人画的复兴产生了深远的影响，成为罗振玉亡命海东期间留下的一份宝贵遗产，也成为现代艺术史上不可忽视的重要事件。

在本文撰写过程中，笔者得到了王中秀先生的多方帮助。高居翰教授和文斯顿博士审读本文英文初稿，提出了宝贵的建议。本文曾于2008年8月28日在伦敦大学亚非学院召开的“失落的一代：罗振玉、清遗老与现代中国文化的重构”研讨会上宣读，得到与会代表的评论，在此一并表示谢忱。

注释

[1] 关于这个悖论的复杂性，在清遗老身上体现非常集中，而其极端的解决形式，就是王国维（1878—1927）沉湖自尽的选择。对该问题的精辟分析，参见张广达著《王国维的西学和国学），文收其《史学·史学与现代学术》，桂林：广西师范大学出版社，2008年版，1—41页。

[2] 1925年夏天，在清华国学院以《中国近二三十年来新发现之学问》为题所作的演讲中，王国维清楚地勾勒了20世纪初学术发展的这五大成就，刊于《国学论丛）一卷三号，1925年。

[3] 董作宾（1895—1963）也列举了罗振玉对现代学术的五大贡献：一、收集明清内库大档；二、研究甲骨文；三、编印敦煌文书；四、研究居延汉简；五、研究历代明器。见《罗雪堂先生全集》，台北：文华出版公司，1968 年版，5—6 页。

[4] 事实上，罗振玉所有重要的学术著作都是在 1912 年到 1918 年流亡日本期间出版的。

[5] 据《光明日报》2002 年 7 月 1 日报道“20 世纪中国百项考古大发现”，安阳殷墟考古被评为百项考古之冠。

[6] 高居翰教授 2009 年 4 月 15 日对拙文的评语，提到了日本收藏界的两种倾向。他写道：“20 世纪初，日本的中国绘画收藏家和学者有史以来第一次意识到他们既往所收藏的中国画和中国的收藏家的藏品很不一样。既往的藏品，以武士幕府、禅寺和茶道界为中心，选择适合其审美趣味和需要的中国画为点缀，包括了那些为中国收藏家们所摒弃的门类和内容。到了 20 世纪初，中国式的鉴赏模式和学术眼光被引进。富有的财团主人和有影响的政治人物参与其中。根据中国的文献形成的研究和欣赏，开始在日本的画家（如富冈铁斋，1837—1924）和京都研究中国历史和文学汉家中间获得成功。”“在阮圆（*Aida Wong*）的新著《迷境分途》（*Parting the Mist*）有一章讨论‘写作新的历史’以及我读到安雅兰（*Julia Andrews*）和沈揆一的有关论文中，都有关于这段历史的研究。阮圆写道：第一本关于中国画历史的书提到，日本的收藏家和学者都意识到他们收藏和欣赏中国画的传统几乎完全和中国的收藏鉴赏家最珍重的传统不同，其结果便是，由董其昌及其追随者所界定的南宗真传——从王维到董元、巨然、‘元四家’和其他元代文人画家、沈周、文征明、董其昌本人以及‘四王’——在日本几乎闻所未闻。日本人决心要弥补在这方面的藏品和著述。”“在此情形下，罗振玉出现了，并以其出版物，最著名的是由大版博文堂 1916 年出版的《南宗衣钵跋尾》所建立了的一个学者鉴定家的声誉。如你注释中提到的，铁斋立刻承认罗振玉作为他们正在力图理解的这类绘画的主要鉴定家，而且是这类绘画的主要收藏家。我指的是像上野和小川这样的人，正如你在文章中已经提到的，还有后来的阿部等等收藏家。罗振玉的机敏之处在于能充分利用这个机会，向这些人介绍和出售他们所希望得到的这类

画。考虑到那些他最熟悉的销向日本的作品，那些传为王维、董元、倪瓒和其他元代画家、四王和恽南田等。统统都是正宗一流的南宗大师。我想到我上世纪 50 年代和 60 年代在京都国立博物馆库藏所见的上野旧藏，大部分是经过博文堂等介绍的，并看到传为王时敏、恽寿平等等在 20 世纪以前日本所不知道的这类作品（他们的真伪都引起怀疑，但那是另外一回事）。1966 年，京都国立博物馆出版过专门的图录，见我的《中国古画索引：唐、宋、元画家和作品》，第 387 页，上野目录项下。”有关罗振玉寓居日本京都时期的文化活动，参见杉村邦彦《罗振玉的文字之福与文字之厄》，张晓宁中译本收入萧文立主编，《如松斯盛：首届罗振玉书学书法国际研讨会论文》，沈阳：万卷出版社，2009 年版，92—116 页。

[7] 北京：人民出版社，1954 年版，9 页。

[8] 参见《雪堂校刊群书叙录序》，1918 年。

[9] 在 1916 年 4 月 10 日致王国维的信中，罗振玉提到将与蒙古王公允升（1858—1931）晤面。罗氏 1922 年 12 月拜见溥仪（1906—1966）并参加其大婚庆典，就由允升介绍而成。王庆祥、萧文立校注，《罗振玉王国维往来书信》，北京：东方出版社，2000 年版，56 页。

[10] 参见日本《书画古董杂志》第 38 期，1911 年 7 月，31 页。

[11] 参见《书画古董杂志》第 44 期，1912 年 1 月 10 日，24 页。这位清洲贵族在辛亥革命中被刺杀，象征着大清王朝的灭亡。罗振玉 1918 年写过《端忠敏公死事状》，非常了解端方的在国内外古玩市场上一度呼风唤雨的影响。

[12]《神州日报》1911 年 12 月 24 日，题为《我国古物之东渡》。

[13] 参见甘孺（罗继祖，1913—2002）《永丰乡人行年录》，南京：江苏人民出版社，1980 年版，45 页。

[14] 同注 [13]。

[15] 在和王国维的通信中，罗振玉对大多数日本汉学家表示轻蔑的态度。如 1916 年 5 月 10 日函中，认为“东人之学，所谓研究学术者，直刍狗粪土耳”。同注 [9]，82 页。

[16] 同注 [9]，罗 1916 年 5 月 8 日致王国维信，80 页。

[17] 罗振玉的定居计划，1912 年 1 月 10 日的《书画古董杂志》第 44 期，

32 页有所报道。“永慕”的含义，来自六朝颜之推的《观我生赋》。

[18] 罗振玉对京都的感受也很复杂。一方面，他对京都如画的景致表示满意，因为那里最适合他从事创造性的学术劳动。另一方面，他对频繁的地震和日本的神道信仰则非常反感。同注 [9]，1916 年 11 月 27 日和 1917 年 7 月 10 日给王国维的信，198 页和 269—270 页。

[19]《雪堂校刊群书叙录序），1918 年。

[20] 在从刘鹗 1901 年 4 月 27 日到 1905 年 11 月 26 日的《日记》残卷中，可以看到刘鹗与罗振玉在学术和艺术收藏方面的密切联系。参见《抱残守缺斋日记》，收入刘德隆编《刘鹗集》，长春：吉林文史出版社，2007 年版，第二卷，686—737 页。在 1905 年 5 月 27 日项下，刘氏高度称赏罗氏的鉴定能力，认为其人“真杰出也。”719 页。结果，1905 年 5 月 21 日，他们成了亲家，刘鹗的儿子娶了罗振玉的长女。同上，723 页。

[21] 见《殷墟书契后编序》。他写了《五十日梦痕录》，具体记录了这个过程。

[22] 参见其《五十日梦痕录》，1915 年。

[23] 这位古董商叫刘金科。据陈邦直《罗振玉传》，罗氏向刘氏租阅金石拓片，40 文一件。

[24]《雪堂校刊群书叙录序》，1918 年。

[25] 参见注 [9] 中罗、王通信对这个问题的讨论。1916 年 2 月 20 日，36 页，“至办报……程度愈高，销行愈少（此语最要，先说），若责我之程度高、销行畅，则势有所不能；若令我低其程度，以祈合社会，我又不能”。12 月 18 日，214 页，“告以学术程度与销售畅否为反比例。撰者但能极其智力，以阐明学术，不能附而就社会之程度。必询明创立此报者，宗旨果为学术乎，为营利乎？为学术则就，为营利则辞。此事甚关紧要，弟以前为景叔（邹安）等十余次言之，彼漫不加省，但云，彼富人不在营利，为名誉耳。今乃大不然。此事仍须伸其说”。

[26] 同样的例子还有 1918 年出版的《二十家仕女画存》。

[27] 参见《郑孝胥（1860—1938）日记》，北京：中华书局，1993 年版，第三册，1319 页，1912 年 4 月 28 日项下。更深入的讨论，见于板仓圣哲的《近世、近代日本的中国画鉴赏与画家形象的变容：以明末清初画家王建章为例》一文，收入杨敦尧等编辑《世变形象流风：中国近代绘

画 1796—1949 学术研讨会论文集》，台北财团法人鸿禧艺术文教基金会，2008 年版，137—152 页。承赖毓之博士惠寄该文，在此申谢。

[28]“宣统甲寅（1914）十二月中瀚上虞罗振玉题于东山侨舍之殷礼在斯堂”。

[29] 笔者尚不清楚像《王仲初仿宋元山水册》这类出版物能够营利的记录，但是王建章在日本市场上走俏的现象却说明罗振玉一方面受益于东瀛收藏界的这种趣味，同时也努力在强化这一趣味。有关的讨论，参见洪再新，*Moving onto a World Stage : The Modern Chinese Practice of Art Collecting and its Connection to the Japanese Art Market*，待刊。

[30] 如从 1912 到 1915，他成功地将其最重要的学术著作刊行，包括:1912 年,《殷墟书契前编》; 1913 年,《鸣沙石室古佚书》; 1914 年,《流沙坠简》《西陲石刻录》《王仲初仿宋元山水册》; 1915 年《海外贞珉录》等。

[31] 王国维离开京都返回上海后，罗振玉不必再付王 200 大洋的月俸。但这对罗说来，根本不是个问题。在 1916 年 2 月 20 致王的信中，罗氏提出如果王国维能重回日本，他能付其 150 到 200 大洋月俸。次日，在另一封信中，罗氏又重提 200 大洋月俸的建议。参见注 [9]，37、39 页。

[32] 罗振玉写道 :“以后用度，以今年为比例，则千八百元足也，此款在书画盈余内，足可得之……弟以家事劳心……势不得不与我身清釐（厘）之，但清釐（厘）须六七千元，遂因循至今。今努力筹备，明春先了此事，以后居东，岁筹两千余元，足了用费，此后转从容有余裕矣。公之生计，弟定可代谋，绝无匮乏之虞。公但以著书之暇，于禅隐（罗振玉之弟罗振常，其在上海有书店，号禅隐庐）左右近程冰泉、蔡少卿两处，随意物色。若此次两处之画，岁得数帧，足办一岁之费矣。将公所用，加入弟用，岁不过四千余元耳。此间售物虽难，此却甚易，放心为荷。”同上，160—161 页。1916 年 10 月 3 日，王国维回信谈到他在上海的经济状况 :“盖食住另用等项目虽不过百元左右，而不虞之费与衣服器用亦颇不赀，故上半年仅余百元，至付下半年学费而尽。又以外甥赴美留学，助费六十元，故下半年如有所余,亦只得明春学费。全年购书亦无多,只四五十元而已。”同上，164 页。如果王国维接受北京大学或京都大学的教席，其收入就很不一样了。北大月俸 200 大洋，京大年俸 3000 日元，相差无多，亦很有

意思。同上，281 页。王国维的家境和上海同一时期其他中产家庭的情况相仿。他的年收入在 1919 到 1923 年间为 600 元。关于 1909 年到 1923 年上海白领阶层的年收入情况，参见王中秀的《近现代金石书画家润例》，上海：上海画报社，2005 年版，8—9 页。

[33] 同注 [9]，168 页。

[34] 同注 [9]，131 页。罗振玉在 1916 年 8 月 5 日信中田产收入大约七百元一年。

[35] 王国维没有详说起年收入的情况，但他在别处提到对股票的投资以及他在乡下的田租收入。当时商务印书馆的股价看涨，这就使他有闲钱投资艺术品。由于王国维对这一行刚刚介入，所以风险之大，也不言而喻。因此，罗希望他能替自己在沪滨购进古画。同注 [9]，第 134 页。

[36] 同注 [9]，238 页。

[37] 同注 [9]，98 页。事实上，在同一封信中，罗振玉提到这幅倪瓒山水上有沈周和董其昌。王国维在 1916 年 2 月 11 日信中，也提到罗振玉曾收藏有倪瓒的立轴卷。同上，28 页。在原田悟朗（1893—1980）的收藏中，有“倪云林的《杜陵诗意图》即得自罗振玉旧藏。长尾甲（即长尾桢太郎，号雨山，1864—1942）购此，立刻便引起志贺直哉（1883—1971）的兴趣。最后该画为 Shiga 氏的藏品”。参见鹤田武良（1937—2009）《原田悟郎氏访谈：大正—昭和初期中国画藏品的建立》，1973 年 4 月 5—7 日，收入《中国明清名画展：中国天津艺术博物馆秘藏：日中国交正常化 20 周年记念》，东京：日中友好会馆，1992 年，无页码。承蔡涛先生惠示译作，在此表示感谢。该画为墨笔纸本，67.7 厘米 ×32.9 厘米，现藏东京国立美术馆。参阅铃木敬编《中国绘画总合图录》，东京大学出版会，1982—1983 年，第三册，第 371 页，图版号 JM1—100。但在现在所见罗氏书画题跋中，未见有关于这幅倪瓒山水的文字。显然此画的真伪大有问题。（在高居翰教授 2009 年 4 月 14 日致笔者的信中提到：“就我所知，在日本没有什么倪瓒的画。除了在阿部藏品中有两件较早的摹本，另一幅同样构图更晚的摹本在佛利尔美术馆。1918 年，由博文堂出版的 6 开册页，可能是晚明画家程嘉邃所作，他的印鉴在最后一开。”）在 1916 年 11 月 16 日的信中，罗承认“今年印书太多，明年亦须限制，亦休养物力矣”。同注 [9]，193 页。

[38] 参见 1916 年 11 月 5 日致王国维信，“弟平生不蓄北宗画，仅藏一李晞古，以其实从荆关出”。同注 [9]，181 页。

[39] 参见高居翰教授 2009 年 4 月 25 日致笔者的信。他指出：“早期西方对宋画和类似宋画的追求，使他们对元代和元以后绘画所知甚少，这和 20 世纪初日本收藏家对中国画的兴趣，大相径庭。在早期的西方中国画收藏中，除了极少数宋画精品和大量的赝品外，主要是一些明清的作品被误题为早期中国画家的作品。因为佛利尔（Charles Lang Freer）和其他这类收藏家要的是‘早期绘画’——宋或宋以前以传统风格绘制的作品。他们不清楚罗振玉在日本促销的‘南宗’画的情况。”

[40] 1916 年 6 月 27 日，罗振玉在给王国维的信中，描述了《南宗衣钵跋尾》一书在京都获得的积极反馈。《南宗衣钵跋尾》此间大受欢迎，有力不能购画，但购跋者（东译本）。铁斋翁读之两日，谓人曰：“此书所论，不能易一字。又谓，定荆浩、李成、北苑之无款画，确切不可疑易。而政党如犬养诸人亦大惊异矣。故博文主人忻然来，请迅印第二册。此亦可笑也。”同注 [9]，106 页。（本文采用的日期，参考张颂之《对王国维书信日期的订正——附罗振玉有关书信的订正》，刊于《九州学林》，2007 年，春季号，第 5 号第 1 期。

[41] 在他的交易中，这层个人的关系非常重要。1915 年，当罗振玉听说上野理一的母亲过世的消息，特意偕同王国维向这位收藏家表示问候。同注 [9]，21 页。罗振玉应上野之请，为其《有竹斋藏玺印》篆书题写书名及分类标记，包括“古玺”“官印”“私印”“宋元杂印”“吉语及肖生印”等，刊于张本义选编大连图书馆藏罗振玉书法作品《罗振玉书法篆刻选》（首届“罗振玉书学书法国际研讨会”用），2009 年，内部发行，89—99 页。

[42] 该书由罗振玉辑述，长尾桢太郎译，大阪：博文堂，1916 年版，序言写于 1916 年 5 月。

[43] 关于罗振玉古画的的其他目录，参见注 [13]，70 页。对此杨佳玲有更详细的讨论，参见其《以古鉴今：满洲国时期罗振玉的艺术收藏和清遗老的文化认同（中）》，林逸欣译，刊于《典藏》，2009 年，第 9 期，122—124 页。

[44] 同注 [9]，160 页。

[45] 同注 [9]，274 页，1917 年 7 月 30 日。

[46] 同注 [9]，374 页。

[47] 同注 [9]，1916 年 12 月 4 日致王国维信，202 页。

[48] 为计划出版《殷墟书契后编》两百部，“它两书各百部，须印费纸费三千元”。他感叹道 :“今年但能卖画，不能买画矣。”1916 年 4 月 14 日罗致王信，同注 [9]，58 页。

[49] 同注 [9]，16 页。

[50] 参见注 [9]，16 页。

[51] 程冰泉在上海做古玩交易很有些年头，所以与刘鹗的关系不同一般，成为其主要的业务代理。根据刘鹗日记，从 1905 年 3 月到 1908 年 3 月。刘鹗与其就有多达 16 次之多的业务往来。程冰泉的名字，常常被写成是程宾泉、程彬泉、程冰璇和程宾璇，见《刘鹗集》，长春 : 吉林文史出版社，2007 年版，第二卷，717 页。又作秉泉，据 1912 年 5 月 15 日《时报》汲修斋广告。

[52] 参见庄申，《从白纸到白银 : 清末广东书画创作与收藏史)》，台北 : 东大图书股份有限公司，1997 年版。

[53] 对此行情，罗振玉也很了解。他 1904 年任职广东时，就从孔广陶（1832—1890）的岳雪楼购得大批古籍善本。

[54] 7 月底，当程冰泉计划第二次去广东时，罗振玉嘱他为其购买一批书归来。见注 [9]。

[55] 见注 [9]，227 页。

[56] 见注 [9]，230 页。

[57] 见注 [9]，233 页。

[58] 见注 [9]，171 页。假如王国维选择在家乡海宁生活的话，他的开销只需该数的三分之一。

[59] 见注 [9]，140 页。

[60] 见注 [9]，149 页。王国维很满意这次交易的结果，见其 1916 年 9 月 11—12 日致罗振玉信。但罗振玉私底下还是认为这些画不值百元，因为那才是他想付的价钱。

[61] 见注 [9]，266 页。沈曾植当时刚从北平参与流产的“丁巳张勋复

辟”后回到上海，而罗振玉的目标是从沈曾植处索得一幅陈洪绶（1593—1652）的画。

[62] 但在1916年11月8日，王国维在信函中提到该收藏家亲属表示要回避和画商掮客打交道。同注释[9]，187页。

[63] 同注[9]，87页。1916年5月22日，程冰泉从广东收购了两件瓷器，投资40000元之巨。对罗振玉、王国维而言，这一天价令人吃惊！很显然，他们认为自己已经不再是古画交易中的主要玩家了。

[64] 一个典型的例子是他和宝熙（1871—1930）的关系，由他在1912年为宝熙解燃燃眉之急。参见杨佳玲撰《以古鉴今：满洲国时期罗振玉的艺术收藏和清遗老的文化认同》(下)，刊于《典藏》，2009年版，第101期，180—182页。

[65] 同注[9]，1916年12月24日，220页。

[66] 同注[9]，225页。

[67] 同注[9]，160页。

[68] 参见注[37]，按照原田悟郎的回忆，他家博文堂在1911年革命后收到了一批箱子，没有发件人的信息，后通过著名的汉学家、史学家内藤湖南（1866—1934），认识三位富有的客户——上野、本山、和小川。他们都是罗振玉藏画的买主。罗氏在他们中间所起的作用就是鉴定。在东京，据原田所回忆的，其主要客户是菊池惺堂。

[69] 参见注[9]，25页。内藤也参与了为赈灾捐款的活动。

[70] 参见注[37]，原田悟郎讲述了他的书店博文堂如何因为偶然的机遇而转入新的艺术买卖行当。随着输入的中国艺术品的内容的变化，他注意到，“辛亥革命后运来日本的画，与从前传来日本（也就是所谓“古渡”）的画性质是不同的，这种不同在当时有消极的一种解释，说白了就是赝品，认为从前传到日本的东西部没有问题。有这样的想法尤其在东京的藏家中很流行。所以那时候买书画的人大多是与茶道有点关系的，我想这样的人不是专业人士，也就不找他们了。偶尔有人对我说，那个人精通茶道，应该懂画，于是通过别人介绍去拜访，结果还是不行。这种人不是把画当画看，他们主要是看这幅画是不是符合茶道的规矩。而且当时运来的都是些几乎没人见过的东西，一定要找到那些新近收藏家。如果说辛苦的话，还真挺

辛苦的”。

[71] 同注[9]，145 页，1916 年 9 月 3 日。

[72] 参见注[9]，182 页。

[73] 同注[9]，191 页。

[74] 参见都守淳夫《売立目录の书志と全国所在一览》，东京：勉诚出版，2001 年版。

[75] 参见注[9]，312—313 页。

[76] 同注[9]，314 页。

[77] 据称王维的《江山雪霁图》就在这次义卖中出让。参见《罗振玉传》，第 41 页，《永丰乡人行年录》，66—67 页。这类所谓王维《江山雪霁图》，是当时国际中国古画市场上抢手的伪作名品。1914 年 7 月，在上海出版的《中华名画：史德匿藏品影本》中就有所谓的《江山雪霁图》，包括日本人小粟秋堂 1913 年 6 月的题跋，称其“批阅一过，拍案惊叹曰：是洵宇内之至宝也”。1914 年 7 月，上海的英文报纸《字林西报》，还有书评，大肆宣传。但据古原宏伸对收藏家小川睦之辅女儿的采访，这幅画是在 1919 年入藏小川家的。见古原宏伸《王维画とその传称作品》，收入《文人画粹编王维》，东京中央公论社，1975 年版，140 页。有关小川家族收藏的这幅藏品的问题，参见汪世清《〈江山霁雪〉归尘土，鱼目焉能混夜珠——记中国绘画收藏史上的一大骗局》，载《新美术》1996 年第 3 期，19—24 页。或许罗振玉 1917 年出售的王维雪图为另一图卷，上有罗振玉的题签，“王右丞《长江积雪图》无上神品，雪堂藏雪卷”和印章。该卷设色绢本，28.8 厘米 ×449.3 厘米，后来入藏美国檀香山艺术学院美术馆。至于它如何转入美国美术馆的过程，尚待澄清。

[78] 参见高居翰教授 2009 年 4 月 25 日致笔者的信：“对西方人而言，佛罗诺萨（Ernest Fenollosal）开了一个不好的头，在绘画上竭力推崇院体画，而认为南画非常可笑，微不足道。对早期的西方作家和收藏家而言，宋画是最高峰，元代开始衰落，明清画可以略而不论……佛利尔所买的画，都是日本收藏家所摒弃的，很难欣赏‘南宗画’，特别日本人在努力收藏的宋以后的画……在写中国美术史的巴赫霍夫（Ludwlg Bachhofer），强化了佛罗诺萨这种态度，认为倪瓒只不过是个胆小怕事的人，而董其昌则

更次。甚至李雪曼（Sherman Lee）在他早年的看画经历中也持这种态度，直到后来才感到后悔，并加以修正。在普爱伦(Alan Priest)和杜柏秋(Jean Pierre Dubosc)之间的分野，在1950年形成了一个转折点，史客门（Larry Sickman）的明清画成功，以及他为索伯（Alexander Soper）1956年的《中国的艺术与建筑》所写的章节。甚至我本人也卷入了这个讨论之中。我1960年写的《中国名画选粹》，对许多人是开眼界的经历。我也想到普林斯顿斯顿已故的教授牟复礼（Frederick Mote）曾写信给我，说他从来也看不清楚倪瓒，直到读了我的书中的后面几张，他才恍然大悟。我一直在读中文的材料，以纠正罗樾（Max Loehr）在宋以后历史方面的缺陷……我这一代的学者，包括班宗华（Richard Barnhart）和我本人，已经花了很多气力从佛利尔或明慕理（Du Bols Schanck Morris）等收藏中的'假宋画'中找出很好的浙派绘画，为其正名。"

[79] 参见注[9]，133页。在1916年8月10日，罗振玉向王国维表示他曾经准备以3000元从画商管复初那里购买《睢阳五老图》，但没有成功。该画在管的《古画留真》中刊出（上海来远公司，1916年），其中四老后来分别入藏美国的几个美术馆。

[80] 参见注[9]，182页，1916年11月5日。李文卿、李忠敏是这方面的内行。在1916年11月15日王国维给罗的信中，提到一位大收藏家从程冰泉手中以700元的价格购得一幅宋代宫廷风格的竹图，以便卖给西方收藏家。同上，191页。

[81] 同注[13]，75页。

[82] 同注[9]，498—499页。

[83] 王国维于1916年6月15日致罗振玉信时，已称"雪堂先生"。同注[9]，102页。

[84]《南宗衣钵跋尾》卷一，1页，记有"上虞罗氏雪堂藏"。

[85] 同注[84]，卷一，4页，题为"王右丞《江山雪霁图》(上虞罗氏雪堂藏)"。

[86] 同注[84]，卷一，2页。

[87] 周注[84]，见长尾雨山序言。

[88] 参见《罗振玉传》，41页。为同一事件。他在1917年11月8日《时

报》刊出《永辛乡人鬻书助赈》润例："鄙人世外陈人，兼以忧患衰病之余，不复能以薄技娱人。今者水患且延及数省，吾民何事遭此昏墊，每一念及，寸心惨痛。今拟忍病写篆隶书百纸，鬻以代赈。润例如下：'四尺宣纸对开屏条单幅十元；四幅三十元，不书上款。由上海三马路新闻报馆对面三九八号禅隐庐代收。收款时当付书件并请示芳名居址，仍以诸君銜名汇齐送赈局，俟得赈局收据，即送交诸君，以昭凭信。'"

[89] 这些早期的文献，如张彦远《历代名画记》成了他的鉴定基础。在他题《雪山图》时，就引用张彦远书中提到的绘画材料、尺幅、印鉴和风格来做分析。

[90] 王右丞《江山雪霁图》卷跋中提到吴修一书，见《雪堂类稿丁书画跋尾》，辽宁教育出版社，2003年版，73页。吴修写道："应知泥古成何用，笑他张姓谎连天。已被人欺二百年，不为传名定爱钱。"早就揭穿《宝绘录》的作伪情形。

[91] 他进一步指出："《房山文集》久佚，顾侠君（顾嗣立，1669—1722）《元诗选》中《房山集》……悉出自《宝绘录》中。"见《雪堂类稿丁书画跋尾)》，99页。在1916年7月23日给王国维的信中，他复述了这一发现，并批评同时代学者柯凤笙（1850—1933）和缪荃荪（1844—1919）将顾嗣立征引《宝绘录》以为信史的失误。同注[9]，122—123页。王国维也注意到同样的问题，见其1916年7月30日的回信。同上，128页。他指出："此书国初人已议其伪，岂侠君曾未之知耶？"有关张泰阶的专题研究，参见洪再新，*"Antiquarianism in an Easy-Going Style：Aspects of Chang T'ai-chieh's Antiquarian Practice in the Urban Culture of Late Ming China"*《晚明都市文化中张泰阶的古物实践面面观》，刊于《故宫学术季刊》，台北故宫博物院，2004年，第22卷，第1期，35—68页。

[92] 参见注[9]，95页。

[93]《雪堂类稿丁书画跋尾》，第68—69页。

[94] 无出版地点，1916年。在他的《高昌壁画菁华》序中写道："予往读历代书画著录，每叹魏晋以来迄于天水，名工妙迹施于寺壁者十恒七八，而施之缣素者十二三而已……及光绪丁未（1907）备官京师，每遇同好，辄询两寺画迹之存亡，均无能言之者。惟胶州柯凤笙京卿言磁州之向堂山

有六朝画壁，闻尚无恙。予为之惊喜，亟欲往观，以职守所羁，卒不果往。私意古人画壁，此生殆无一见缘矣……比至海东，又于大谷氏兵库别邸见所陈列之壁画数十，皆劖削由西陲载归。间有施之缣素者，亦遍观焉已。又得见德人勒柯克博士《高昌访古志》中有壁画数十，尤精绝。于是二十余年之梦想，不得见之国中者，顾得见之于异域……予乃选尤精者二十帧影印，以饷我国士夫，并将大谷氏所得二缣画附焉……张彦远称（曹）仲达之笔，其体稠叠，衣服紧窄，时称“曹衣出水”，与此编梵像用笔稠叠紧窄者，正复无殊。我国尉迟（乙僧）之迹，向仅存一天王象，藏端忠敏公许，今已归驻美国，为艺林憾事。然此编之成，则不啻以二十而偿一也。当时君子，有梦想古壁画若予者，倘亦见而之所宝乎。”

[95] 这些二十幅壁画上的题记，由其长子罗福苌（1895—1921）从德文、日文和其他消失文字翻译成中文，见《高昌壁画菁华》1a/b—2a/b 页。

[96] 除了雪堂外，其他三堂为王国维的“观堂”、董作宾的“彦堂”以及郭沫若的“鼎堂”。

[97] 参见郭译米海里司的《美术考古一世纪》再版序言，上海：群益出版社，1948 年版，1—6 页。郭沫若在 1956 年 10 月 30 日作《两周金文辞大系考释》（科学出版社，1958 年）序记中写到：“回忆往年羁旅日本时，曾有蔚为图像学之雄心。”他对罗振玉的研究有所保留，主要是对 1930 年代罗振玉投靠伪满洲国的政治态度加以嘲讽。参见《卜辞通纂》，东京文求堂书店，1933 年版，37—38 页。

[98] 参见溥仪著，《我的前半生》，群众出版社，1964 年版，155 页。

[99] 同注 [9]，221 页。

[100] 同注 [23]，57 页。这种活动，终其一生。“盖其唯一嗜好，则惟书籍，古物，故宦囊稍充时，即购买书籍，字画，铜器，碑帖等。在新京时，为收买古物之权威者，凡由华北、华南各地来此之古物商，咸集于罗宅之门。同时京中显宦名流，亦多为先生同好，尤其如参议宝瑞臣（熙）容叔章（厚）宫相熙格民（洽）诸氏等收藏既富，鉴别亦精，先生暇时，辄与诸公往返盘桓，鉴赏考证，以为笑乐。一时满洲名士，咸喜嗜古，各地流出之古物，渐多归于此间。”同上，62 页。

[101] 同注 [98]，155 页。对此，罗继祖进行了辩驳。有关细节，见注 [64]，

180—181 页。

[102] “当先生侨居日本，以及客游南北之时，各地之嗜古收藏者，莫不争聘先生代其鉴别，一言评判，重于山岳。”同注[23]，57 页。

[103] 在 2009 年 4 月 14 日致笔者信中，高居翰介绍了这类交易之后的一个不幸的例子：“我曾经和古原宏伸一起去看一位大阪的收藏家安形，他收藏有《南宗衣钵跋尾》中的一些所谓早期南画。很有意思看到这些东西，尽管它们不是真的那么古老或精彩。有些作品被别人买走，张大千(1899—1983)买了“董源”的手卷，程琦买了“巨然”的小幅山水卷，他们当然知道为什么他们要这么做，因为他们可以卖掉这些画。安形对他这些杰作的价值有很乐观的看法。我记得在几年前，当他最后将其送去香港佳士得拍卖时，其拍价比他预计的低许多，或者压根没有卖出。古原告诉我，安形非常绝望，因为这些著名作品已经不再是人们所想要的东西了。”

[104] 参见东美研究所编《东京美术市场史》，东京美术俱乐部，1979 年版。第 87 页的图表，显示该市场在 20 世纪前 70 年中拍卖中国书画的消长轨迹。

[105] 不妨将《南宗衣钵跋尾》和 1914 年罗振玉出版的《王仲初仿宋元山水册》作一比较。在出版传为王建章的二十四开山水时，罗振玉还是在试探这个新市场的深浅，力图迎合当时中日收藏家的口味，而不是去影响改变这种口味。到了 1916 年《南宗衣钵跋尾》一出版，罗振玉便可以自说自话，直接影响市场了。

[106] 刊于《艺观》，艺观画刊社，1926 年，第 2 期，署名“盎然”。在同一文章中，黄氏提到在日本的两类古画收藏活动：“先是京估而外，其来沪购求古画者，尤以日本人为大宗。所收之画，有两种：一则北宗画，如戴文进、吴小仙、蓝田叔、李世达之伦；一则南宗，如唐六如、沈石田、董玄宰、李长蘅之辈。至黄石斋、倪洪宝忠节之臣，亦所贵重，即或王孟津、张二水，亦所不弃，下至华秋岳、高南阜，皆珍视之。市估礼日人，拟豪华不啻也。”收入王中秀编《黄宾虹文集绘画编》(上)，上海：上海书画出版社，1999 年版，291 页。

出版后记

《何以传世艺术文丛》是中国美术出版总社期刊传媒集团于 2017 年策划推出的一套大型丛书。“何以传世”就是要揭示历代彪炳史册的艺术家的为人、为学、为艺，展现艺术巨擘的人格魅力、深厚学养与艺术造诣。丛书以史为鉴，为当今广大艺术爱好者提供具有经典性、代表性与传承性的艺术精神、艺术理想和艺术观念。

2017 年初，中国美术出版总社期刊传媒集团成立。《中国艺术》《中国美术》《油画》《书法教育》等四刊共同入驻“中央厨房”，并在内容上集中采编、多个产品、多元发布。经过一段时间的实践，各期刊内容质量有了较大提升，出现了如《中国艺术》的“聚焦”“言论”以及《中国美术》的“专题”等栏目，受到社会各界的一致好评。《何以传世艺术文丛》即以改版后

《中国美术》的“专题”等相关栏目为基础，以传世艺术巨匠的个案研究为主要内容，吸收了最新研究成果，专门增补了艺术家年表。

《何以传世艺术文丛》注重学术性、资料性与可读性。先以单行本面向大众发行，随后将不断丰富，按不同历史时段集结成套。

《何以传世艺术文丛》编辑部

2017 年 12 月

《何以传世艺术文丛》第一辑

朽者不朽——陈师曾和他的时代

家住苍烟落照间——陈半丁的艺术世界

翰墨烟云——金城与京派画学社团

青藤白阳作品的基因密码

师古还是求新——赵孟頫的艺术与时代

水中盐——文化艺术视角下的王国维